HEYNE <

Für die sehr angenehme Zusammenarbeit in den letzten Jahren bedanken wir uns ganz herzlich.

Bernd Ellermann · Gerald Drews

»Es wird um Rückerstattung des beiliegenden Sohnes Hermann gebeten«

Die besten Stilblüten aus Briefen an die Versicherung

WILHELM HEYNE VERLAG
MÜNCHEN

FSC
Mix
Produktgruppe aus vorbildlich bewirtschafteten Wäldern und anderen kontrollierten Herkünften

Zert.-Nr. SGS-COC-001940
www.fsc.org

Verlagsgruppe Random House FSC-DEU-0100
Das für dieses Buch verwendete
FSC-zertifizierte Papier *Holmen Book Cream*
liefert Holmen Paper, Hallstavik, Schweden.

2. Auflage

Originalausgabe 07/2010

Printed in Germany 2010
Umschlaggestaltung: Eisele Grafik-Design, München
Umschlagillustration: Linda Lubbersen, Studio Lindalu, Freiburg
Innenillustrationen: Doris Detre, München
Satz: C. Schaber Datentechnik, Wels
Druck und Bindung: GGP Media GmbH, Pößneck
ISBN: 978-3-453-68547-5

www.heyne.de

Inhaltsverzeichnis

Vorwort

Liebe Leserinnen, liebe Leser,

im Großen und Ganzen müssen sich Mitarbeiter im Versicherungswesen mit Sachverhalten abgeben, die mit »nüchtern«, »trocken« und »routinemäßig« durchaus hinreichend beschrieben sind. Gemeinhin stellt sich der Außenstehende den Arbeitsalltag etwa eines Schadensachbearbeiters als von Bestimmungen, Paragrafen und Sachzwängen geprägt vor. Und das ist er vermutlich auch.

Doch hin und wieder drängt auch ein kreativer Sonnenstrahl in so einen von derartiger Routine geprägten grauen Alltag. Das ist immer dann der Fall, wenn eine verbale Perle in Form eines Kundenschreibens auf dem Schreibtisch eines Versicherungsmitarbeiters landet. Eine Perle, geprägt von unfreiwilliger Komik, die einen zum Schmunzeln, Grinsen, ja, manchmal sogar zum lauthals Loslachen zwingt.

Zu solchen Ausbrüchen kommt es beispielsweise, wenn Kunden versuchen, sich der aus guten Gründen eher fantasiearmen Amtssprache anzupassen und dabei diese Sprache mit dem versetzen, was wir gemeinhin Volkes Stimme nennen. Wenn diese auf den Amtsschimmel trifft, geht das sprachlich meistens schief mit dem Ergeb-

nis, das sich der Leser vor lauter Wiehern kaum noch beherrschen kann. Denn unfreiwillige Komik gehört mit zum Urigsten, was es gibt.
Nun wollen wir uns an dieser Stelle keineswegs über einen solchen Versicherungskunden erheben. Denn auch Versicherungsmitarbeiter sind durchaus in der Lage, sich sprachlich zu vergaloppieren. Auch Polizisten, ja nicht einmal Anwälte sind davor gefeit, dummes Zeug zu schreiben. Sie werden dies auf den folgenden Seiten erleben!
Doch zur Entlastung aller – und das gilt genauso für Sie, liebe Leser, als auch für uns, die scheinbar so allwissenden Journalisten – soll gesagt sein: Wir wissen: Die deutsche Sprache zählt zu den kompliziertesten, die es gibt. Und selbst gestandenen Profis, die Tag für Tag mit dieser Sprache umgehen müssen, passiert ein Schnitzer nach dem anderen. Die tägliche Morgenlektüre der Tageszeitung genügt in der Regel als Beleg.
Wir wollen mit diesem Buch auch nicht die psychologischen Hintergründe des Versicherungswesens im Allgemeinen und seiner Klientel im Besonderen unter die Lupe nehmen. Daran sind schon ganz andere gescheitert. Nein, uns geht es einzig und allein darum, Ihnen, unseren Lesern, aus purem Vergnügen einige der schönsten Perlen zu präsentieren, die wir rund um das Themenfeld »Versicherung« finden konnten.
Auch, wenn es manchmal kaum zu fassen ist: Alles, was in diesem Buch gesammelt auftaucht, flatterte einst einer Assekuranz, einem Kunden oder einer Behörde ins Haus. Was zunächst nur intern die Runde machte, kam irgendwann während der vergangenen drei Jahrzehnte Bernd

Ellermann in die Hände. Dieser, gelernter Journalist und Diplom-Kaufmann, arbeitete viele Jahre auf dem PR-Sektor bei einem großen Versicherungskonzern. Eines Tages kam es ihm in den Sinn, diese wunderbaren Stilblüten zu sammeln. Dieses Hobby sprach sich im Kollegenkreis herum, und man fütterte den eifrigen Sammler recht fleißig mit Stoff aus den unterschiedlichsten Bereichen.

Der Journalist und Autor Gerald Drews hat diese ausführliche Sammlung gesichtet, gegliedert und mit ein paar ironischen Kommentaren und Anekdoten rund ums Thema angereichert. Und so sind wir heute in der glücklichen Lage, Ihnen das Beste aus den Aktenordnern leidender Kunden oder Bürostuben diverser Versicherungsgesellschaften präsentieren zu dürfen.

Selbstverständlich kommt es den beiden Autoren nicht darauf an, Versicherungsgeheimnisse preiszugeben oder irgendjemanden bloßzustellen. Deswegen sind, wo nötig, Namen, Orte und Umstände so weit geändert worden, dass Rückschlüsse auf lebende Personen unmöglich sind. Angesichts der Fülle an originellem Stoff dürfte für dieses Buch sowieso der Grundsatz gelten: Namen sind Schall und Rauch.

Deshalb bleibt uns nur, Ihnen, verehrte Leserinnen und Leser, viel Freude bei der Lektüre dieser kuriosen Sammlung zu wünschen. Ferner möge Sie alle der fromme Wunsch begleiten: Passen Sie gut auf sich auf!

Ihre Herausgeber

Bernd Ellermann und Gerald Drews

Die Originalrechnung werden wir Ihnen mit dem Geschädigten einreichen

oder:

Aller Anfang ist schwer

Wie bereits im Vorwort erwähnt, ist der Umgang zwischen Versicherungen und Versicherten von Paragrafen und Bestimmungen geprägt. Davon handelt dieses Kapitel. Ehe es jedoch zu einem Versicherungsvertrag kommt, müssen Assekuranz und Kunde erst einmal in Kontakt zueinander treten.

Ich bin noch nicht mit Glied in Ihrer Versicherung.

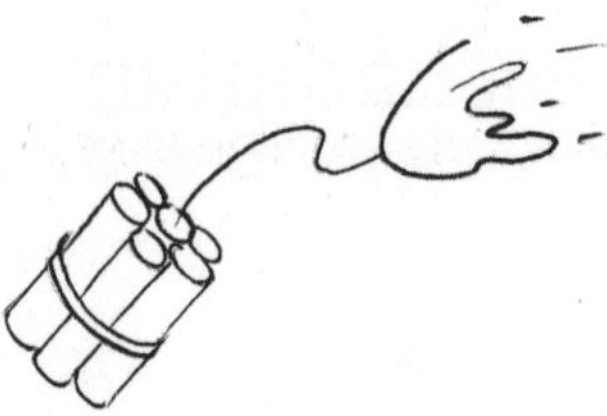

Bitte übersenden Sie mir Ihre Tarifunterlagen mit Leistungsdynamit.

Ich habe zu Hause gewisse Probleme. Deshalb bitte ich Sie als Versicherung um Aufklärungsmaterial!

... oder können Sie mir sagen, welche zuständige Stelle dafür zuständig ist, mir zu sagen, an wen ich mich wenden könnte?

Ich möchte rechtzeitig vorsorgen, falls mir etwas passiert. Können Sie mir dabei helfen?

Ich bitte um Ihr Angebot. In Erwägung stehen die Lebensverhältnisse meiner Tochter.

Ich möchte Ihrer Versicherung beitreten. Die Krankenhauskosten sind jetzt so hoch, das kann sich eine gewöhnlich Sterbende nicht mehr leisten.

... teile ich Ihnen mit, dass ich mich in die AOK legen möchte.

✎ *Manchmal hilft eine Empfehlung:*

Beiliegende Patienten habe ich auf die Vorzüge Ihrer Versicherung aufmerksam gemacht.

Ich bitte um den Besuch eines Mitarbeiters, der meine Verhältnisse in Ordnung bringt.

Der Umgang mit Versicherungsvertretern führt zu sehr verschiedenartigen Reaktionen!

Ihr Herr H. hat mir Ihre Versicherung damals unter sehr merkwürdigen Umständen angedreht. Ich war besoffen!

In Ihrem Verwaltungsbüro sagte der Agent zu mir: »Haben Sie Ihre Police bei sich?« Ich sagte: »Ja.« Der Agent nahm die Police an sich und zerriss sie vor meinen Augen. Dann sagte er, ich sei kein Mitglied mehr in Ihrer Versicherung ...

Ich liege mit dem gewählten Tarif verkehrt. Bin in der letzten Zeit überhaupt nicht richtig befriedigt worden.

Ihr Vertreter gab sich große Mühe, mich in meinem Tarif umzuwandeln. Inzwischen habe ich eingesehen, dass dies für mich keinen Zweck hat, und so nehme ich hiermit die Kündigung zurück.

Ihr Vertreter hatte mir Ihre Versicherung so schmackhaft gemacht, so dass mir hinterher der Appetit vergangen war, als ich merkte, dass ich mich damit voll übernommen habe.

Da ich mich in letzter Zeit nicht mehr so recht fühle, habe ich dem Drängen Ihres Vertreters nachgegeben und habe mich bei Ihnen versichert.

Ich lege Wert darauf, dass Sie mir Ihren Vertreter, Herr Baumann, schicken, der es mir beim letzten Mal so schön gemacht hat.

✎ *Letzterer Aspekt wurde bei dem Berufswunsch noch nicht einmal berücksichtigt:*

Ich möchte gern Versicherungskaufmann werden. Man braucht nicht schwer zu arbeiten, macht sich nicht dreckig und sitzt in einem warmen Raum.

✎ *Manchmal überschätzt sich auch ein Versicherungsnehmer im Hinblick auf sein Fachwissen:*

... lehne Ihren Vertreter ab. Ich glaube zu wissen, was ich will, und was bei meiner Frau zu erledigen ist, dafür bin ich geschult genug.

✎ *Nicht immer kommt es zu positiven Abschlüssen:*

Ich brauche keine Lebensversicherung. Ich möchte, dass alle richtig traurig sind, wenn ich einmal sterbe!

Ich brauche keine Versicherung: 1. Ich habe nie einen Unfall gehabt und werde nie einen Unfall haben. 2. Ich war nie krank und werde nie krank werden ...

Bei Ihrer Gesellschaft lasse ich mich nicht versichern. Ihre Broschüre zeigt mir, dass viele Ihrer Kunden nach Abschluss einer Lebensversicherung eines frühen Todes sterben.

Ich bitte, Ihr Angebot nochmals zu überprüfen, zurückzunehmen oder eingehend zu begründen, bevor ich darüber ablehnend entscheide.

Aufgrund eines Bibelstudiums haben wir erkannt, dass dieses System nicht mehr so lange bestehen kann, dass sie noch in den Genuss einer Lebensversicherung kommen.
2. Petrus 3:7, 9, 13

Vorerst habe ich nicht die Absicht zu sterben und brauche deshalb keine Sterbeversicherung. Wenn es so weit ist, rufe ich bei Ihnen an.

Ich habe gar nicht verstanden, was ich da unterschrieben habe. Also gilt es nicht.

Bis zur Vertragsreife kann dabei manches passieren, wie die folgenden Zeilen beweisen.

Um keinen Fehler zu machen, habe ich den Versicherungsantrag vorsichtshalber nicht unterschrieben.

Der Abschluss ist ungültig, weil ihn mein Mann allein und ohne mein Wissen unterschrieben hatte.

Der Versicherungs-Vertrag gilt nicht, meine Unterschrift ist unleserlich.

Ohne Wissen meiner Frau – die sehr versicherungsfeindlich ist – habe ich aus Vorsorge und bestem Willen diesen Vertrag für sie abgeschlossen. Nun hat meine Frau doch von dieser »Heimlichkeit« erfahren. Seitdem habe ich die Hölle zu Hause. Es wird von mangelndem Vertrauen und sogar von Scheidung gesprochen. Durch die Emanzipationsbewegung der Frauen in unserer Zeit sieht sie sich – trotz meines gut gemeinten Handelns – übergangen und in ihrer Selbstständigkeit eingeengt und rechtswidrig behandelt.

✎ *Auch nach einem Vertragsabschluss ist noch längst nicht immer alles in Butter.*

Mit meiner Hausratsversicherung hänge ich nun zwischen Himmel und Erde. Teilen Sie mir bitte schriftlich mit, wo ich nun hingehöre ...

Wenn nötig, sende ich Ihnen alle Unterlagen – vom Eintritt bis zur Ausscheidung ...

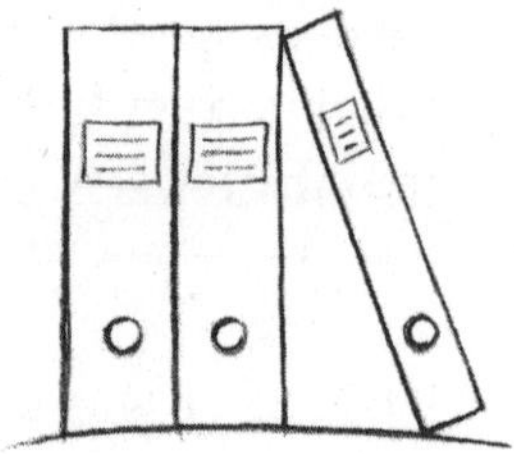

Wenn ich bestimmte Papiere für ein Geschäft benötige, rechne ich mit sofortiger Antwort ...

Da es sich bei der Police um einen Herrn handelt, ist eine Neuausfertigung erforderlich.

Als ich schrieb, ich hätte einen Sprung in der Scheibe, erfanden Sie einen Paragrafen, um nicht zahlen zu müssen.

Sie haben meine Verhältnisse nur auf der einen Seite geprüft, ohne die Kehrseite zu berücksichtigen.

Bezugnehmend auf Ihr Schreiben vom 27. III. d. J. teile ich Ihnen mit, dass die Regelung von Schäden, welche dem von Ihnen versicherten Geschäftsmann entstehen, m. E. zu Ihren Vertragspflichten gehören und demzufolge als Ihr Risiko zu betrachten sind. Mein Risiko zur Zeit der Diebstahlausführung bestand darin, im Falle der Aufklärung der Straftat einen Freiheitsentzug in Kauf zu nehmen. Sie haben den Schaden materiell ersetzt, und ich bin für die Tat eingesperrt worden, so dass beide Teile das bekommen, womit bei Eingehung des Risikos zu rechnen war ...

Ich habe 14 Mordanschläge durchgestanden. Ich hoffe nicht, dass Ihr Büro am Rande daran beteiligt ist, zumal Sie auch Lebensversicherungen bearbeiten!

Nicht immer erkennen Versicherungsnehmer den Sinn gewisser Bestimmungen:

Wenn ich nicht weiß, dass ich Fristen einhalten muss, dann gelten die auch nicht für mich.

Was heißt hier überhaupt Vertragsänderung? Ich will mich nicht ändern. Und in Bezug auf Ihre Anpassung – ich will mich nicht anpassen!

Der Abschluss einer Versicherung ist für beide Partner mit einem Risiko verbunden – also auch für mich. Ich verlange aber keinen Risikozuschlag und bitte um Prüfung, ob Sie nicht auch von einem Zuschlag absehen können.

Mit Ihrem Risikozuschlag bin ich keineswegs einverstanden. Da ich eine sitzende Tätigkeit ausübe und Ihr Risiko bei mir lediglich in den Beinen liegt, sehe ich dieses als nicht notwendig an.

... Ihrer Antwort entgegensehnend, verbleibe ich mit besten Verfehlungen ...

Jeder Schriftwechsel birgt Risiken in sich. Das beginnt bereits mit der Anrede.

Ihre Beitragsrechnung haben Sie auf meinen Mädchennamen ausgestellt und mit »Herr« adressiert. Ich bin eine Frau, schicken Sie Ihren Vertreter vorbei, und ich beweise es ihm.

In Ihrem Schreiben vom 26. 6. über die neue Beitragsrechnung haben Sie mich freundlicherweise zum Fräulein befördert, was im Zusammenhang mit meinem Vornamen Heinz jedoch zu peinlichen Vermutungen Anlass geben könnte.

Unabhängig davon, dass ich verheiratet bin, finde ich es angemessen, dass Sie mich endlich zur »Frau« machen.

Bei meinem Schreiben vom 3. 5. ist mir leider ein Fehler unterlaufen, den ich hiermit nachhole. Ich habe die Anrede vergessen und bitte dies zu entschuldigen. Hier die Anrede: »Meine sehr geehrten Damen und Herren!«

Anbei eine Kopie von der Bescheinigung über meinen voraussichtlichen Geburtstermin vom 29. 12.

Meine Antwort vom 17. 7. hat sich offenbar mit Ihrer Erinnerung gekreuzt …

Nachdem alle Formalien ausgetauscht sind, wollen wir uns einmal die Inhalte diverser Versicherungsschreiben etwas näher anschauen.

Hiermit übersende ich Ihnen zwei Rechnungen von meiner Frau und den zwei Kindern, die gestern eingegangen sind.

Ich habe Ihr Angebot erhalten, kann aber erst jetzt, drei Monate später, antworten, weil mein Mann seit dem 12. Juli infolge eines Herzinfarktes krankfeiert.

Nach Rückkehr von meiner Abwesenheit erreichte mich Ihr oben angeführtes Schreiben.

Um die Kraft des Verstoßes prüfen zu können, bitten wir um Übersendung der Rechnung.

In der Anlage sende ich Ihnen eine Duplikatrechnung, die keine Duplikatrechnung mehr ist, weil ich das Wort »Duplikat« gestrichen habe.

Im Betreff sehen Sie die von Ihnen reklamierte Versicherungsnummer. Ich hoffe, ich habe Sie jetzt mit dieser Nummer befriedigt.

Könnten wir nach Abwicklung des Schadens evt. die Versicherungsschein-Nummer ändern? Ich bin ja wirklich nicht abergläubig, aber bisher hat mir die 13 13 31 jedenfalls kein Glück gebracht.

Heute schreibe ich Ihnen zum ersten und letzten Mal. Wenn Sie dann nicht antworten, schreibe ich Ihnen gleich wieder.

Bitte lassen Sie es mich wissen, wenn Sie dieses Schreiben nicht erhalten haben!

Erst aufgrund Ihres neuerlichen Hinweises weiß ich, dass hier ein Drugfehler vorliegt.

Möglicherweise der hier?

Nachstehend will ich für die Zeit ab Juli einen lügenlosen Nachweis über meine Einkünfte geben.

Sehr geehrte Versicherung!
Das Amtsgericht Charlottenburg hat mich zur Ableistung der eidesstattlichen Versicherung geladen. Sie kennen sich in Versicherungsfragen besser aus als ich. Können Sie das für mich erledigen?
Hochachtungsvoll!

✎ *Aus nachvollziehbaren Gründen verschweigen wir die Gesellschaft, die bei ihren Kunden anscheinend wirklich bis zum Äußersten geht:*

Bei einem Skiunfall wurde Marianne R. verletzt. Wir ersuchen um Erteilung der Liquidierungsermächtigung.

Ich glaube, dass keines der Autos Schuld hatte. Wenn aber einer Schuld hatte, dann auf jeden Fall der andere.

Seien wir ehrlich: Mit Ausreden sind wir Menschen gern und schnell bei der Sache. Hier ein paar besonders originelle:

Ich habe in letzter Zeit die Grippe gehabt und wollte mit meinem Schreiben keine Bazillen versenden. Aus diesem Grund habe ich so lange gewartet, so dass Sie nunmehr, ohne Gesundheitsstörungen bei Ihnen befürchten zu müssen, den Brief lesen können.

Bei der Vergesslichkeit meiner Gedanken habe ich übersehen, dass die Meldefrist verstrichen ist.

Ich konnte Ihnen nicht eher schreiben, da meine Frau und die Nachbarin krank sind und ich den ganzen Tag unter dem Vieh sein muss. Die freuen sich natürlich.

Meine Buchhalterin ist schon seit längerem schwanger und hat die Abführung der Versicherungsbeiträge um zwei Wochen versäumt.

Ihr Computer muss falsch gefüttert sein, bei einem menschlichen Wesen wäre so ein Kaos nicht passiert.

Der andere hat mir eine Falle gestellt und den Schaden provoziert!

Von Januar bis Mitte Februar war ich im Gefängnis wegen zu hohem Blutdruck.

Da der Versicherte in Bonn arbeitet und erst abends nach Koblenz kommt, was auch nicht jeden Tag der Fall ist, konnte ich ihn noch nicht erreichen.

Ich möchte halbjährlich zahlen, da ist die monatliche Belastung nicht so hoch.

Wer trennt sich schon gern von seinen Spargroschen? Versicherte nicht. Und Versicherungen auch nicht. Das beweisen wir Ihnen hier!

... gestern sagte ich noch zu meinem Mann: »Alles wird teurer!« Schon heute stelle ich fest, dass ich an Sie gar nicht gedacht hatte – bis ich jetzt Ihre Bestätigung habe.

Die Hausratsversicherung wird etwas später bezahlt, wenn ich die Rechnung wiedergefunden habe (ca. 10 bis 14 Tage).

In diesem Monat wurden mir die Beiträge ohne weitere Rücksprache abgebucht. Da ich zur Zeit chronisch pleite bin, kann ich sie in diesem Monat nicht entbehren.

So gern es mir leidtut, aber in der zweiten Hälfte des letzten Juliviertels brauche ich mein Geld. Um mein Geschäft verrichten zu können, brauche ich wohl nicht erst die Erlaubnis Ihres Direktors einzuholen.

Kann leider die Prämie nicht zahlen. Letzte Woche haben wir ein Kind gekriegt und morgen kriegen wir Kohlen.

Ich bitte um Stundung der Prämie. Seit mein Mann gestorben ist, fällt es mir ohnehin schwer, mein kleines Milchgeschäft hochzuhalten.

Alle Rechnungen, die ich erhalte, bezahle ich niemals sofort, da mir dazu einfach das Geld fehlt. Die Rechnungen werden vielmehr in eine große Trommel geschüttet, aus der ich am Anfang jeden Monats drei Rechnungen mit verbundenen Augen herausziehe. Diese Rechnungen bezahle ich dann. Ich bitte Sie zu warten, bis das große Los Sie getroffen hat …

Wir haben Ihren Mahnbrief erhalten und möchten Ihnen mitteilen, dass wir unsere Gläubiger in drei Gruppen aufgeteilt haben: 1. Firmen, die wir prompt bezahlen, 2. Firmen, denen wir gelegentlich etwas Geld schicken und 3. Firmen, die nie wieder etwas von uns hören. Aufgrund des netten Tons, in dem Ihr Mahnbrief abgefasst war, freuen wir uns Ihnen mitteilen zu können, dass wir Ihre Firma von Gruppe drei nach Gruppe zwei versetzt haben.

Bisher habe ich nie eine Verzögerung meiner Beiträge gehabt, war immer ein pünktlicher Zahler und habe Sie nur einmal wegen Diebstahls behelligt.

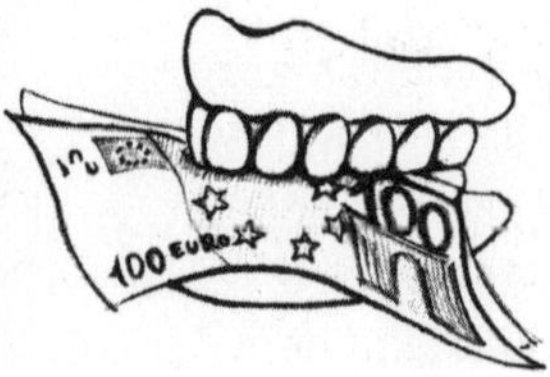

Die Selbstbeteiligung für mein neues Gebiss finde ich zu hoch, aber ich muss wohl zähneknirschend zahlen.

Eine weitere Wertminderung kann jedoch nicht zur Auszahlung kommen, da es sich bei dem Vorschaden, wie das Wort schon sagt, um einen Vorschaden handelt.

Erfahrungsgemäß regelt sich so was bei einer gewissen Sturheit von selbst. Darum melde ich Unfälle immer erst, wenn der Gegner mit Zahlungsforderungen massiv wird.

Ich liebe Mahnungen! Denn dann weiß ich, dass Sie arbeiten.

Absurdes Schuh-Theater

Der Amtsschimmel im ostfranzösischen Epinal hat dem einbeinigen Franzosen Pierre-Noël Maître d'Hotel erheblichen Ärger eingebrockt. Weil die örtliche Krankenkasse »einen einzelnen orthopädischen Schuh« nicht erstatten wollte, musste der 74-Jährige vor Gericht gehen. Die Kasse wurde nach Angaben der Justizbehörden verurteilt, dem Mann die geforderten 70 Euro zu erstatten. Er hatte ein Paar Spezialschuhe erstanden. Auf der bei der Kasse eingereichten Rechnung schien es, als sei es nur ein Schuh gewesen. Die Kasse argumentierte daraufhin, sie könne einen einzelnen Schuh nicht erstatten, sondern nur ein Paar. Das Gericht nannte das Verhalten der Kassenmitarbeiter »absurd«.

Ich bitte die Autoversicherung zu stunden, da mein Sohn Heiko eine Strafe von 15 Monaten verbüßt. Dasselbe gilt für den Wagen.

Der Karneval ist vorbei – und folglich alles pleite. Auch ich brauche Geld von Ihnen ...

Und wenn Sie mir noch 50 oder 100 ... dazulegen, dann tun Sie es auch nicht umsonst. Ja ja, meine Herren, mir wird heute noch schwindelig. Ich bin kein Halsabschneider, aber ich glaube an Ihre Vernunft. Das Stück, was mich am Kopf traf, soll circa 70 Pfund schwer gewesen sein und soll beim Aufschlag auf meinem Kopf in mehrere Stücke zerbrochen sein.

Ich beantrage ein Sterbegeld von 250 €. Bezugsberechtigt sind: alle Vereine, die mit Abordnung, Fahne oder Musik an meiner Beerdigung teilnehmen.

Bitte ändern Sie den Vertrag so ab, dass in meinem Todesfall die Versicherungssumme an mich bezahlt wird.

Leider habe ich Ihren Scheck mit dem Schaden-Auszahlungsbetrag verlegt. Ich bitte sie, mir nochmals per Verrechnungsscheck den Betrag anzuweisen.

Ich appelliere jetzt an ihre Humanität! Befriedigen Sie mich in aller Ruhe!

✎ *Ist das nicht doch ein bisschen viel verlangt? Da loben wir uns schon die Toleranz des folgenden Versicherungsnehmers:*

Um es kurz zu machen: Wenn ich das Geld nicht in den nächsten 8 Tagen bekomme, verzichte ich darauf.

Da ich keinerlei Schaden erlitten habe, werden Sie mich sicher übers Ohr hauen und nichts zahlen.

Mit Ihrer Versicherung bin ich unzufrieden. Deshalb muss ich den Umwandlungsantrag für meine Frau rückgängig machen und mich nach einer anderen umsehen.

Da z. Zt. keine Gutschrift vorliegt, weise ich darauf hin. Mit deutschem Gruß!

✎ *Wo haben sie den denn vergessen?*

Mir ist es zu umständlich, Ihr Schadenformular auszufüllen. Entweder Sie zahlen oder es passiert was!

Wenn Sie nicht zahlen, werde ich Sie für Ihr Versäumnis kongresspflichtig machen!

Ehrlich währt am längsten

Eine ältere Dame aus Zürich meldete den Verlust eines kostbaren Armbandes und erhielt die Entschädigung von 18.000 Franken. Ein Jahr später schrieb sie ihrer Versicherung: »Kürzlich habe ich mein Armband im Schrank zwischen Wäschestücken wiedergefunden. Da ich es nicht richtig finde, gleichzeitig die Versicherungsentschädigung und das Armband zu besitzen, habe ich die 18.000 Franken an das Rote Kreuz überwiesen. Ich hoffe, das wird Sie sicher auch freuen.«

Auf unsere Anfrage, wo unser Geld bleibt, haben Sie nicht geantwortet. Selbst die Antwort bleiben Sie mir schuldig.

... verlange mein Geld zurück. Seit 20 Jahren zahle ich in Ihre Versicherung und nichts ist passiert!

Ich hielt meinen Schaden vom letzten Jahr absichtlich gering. Zum Dank bekam ich keine Beitragsrückerstattung. Sollte bei mir künftig wieder ein Schaden auftreten, werde ich meine Gesundheit nicht wieder so leichtsinnig aufs Spiel setzen.

Bitte erledigen Sie meine Ansprüche eiligst und wohlwollend. Seit dem Zusammenstoß habe ich nämlich kein festes Verhältnis mehr.

Bin im 95. Lebensjahr und habe meinen Verstand vor kurzem verloren. Muss ich Arztrechnungen an Sie einschicken?

Sagen Sie mir darum bitte, ob da noch was dabei rausschaut, wenn ich gestorben bin.

Liebe Versicherung! Da infolge meines hohen Alters in Kürze mit meinem Ableben zu rechnen ist, bitte ich um Regulierung des Schadensfalles. Sollten Sie aber nicht in der Lage sein, den Termin einzuhalten, so bitte ich Sie, dies mit meinen Erben zu verrechnen.

✎ *Wer wird denn gleich so pessimistisch sein!*

Anbei schicke ich Ihnen den Scheck zurück, da er mir zu gering ist. Bitte setzen Sie eine Null hinter die Zahl. Dann werde ich ihn einlösen.

Das ist hart!

Sehr geehrter Herr L.,
den vorbezeichneten Haftpflichtschaden haben wir erledigt. Die Entschädigung betrug 0,06 Cent. Der Schaden führt zur Rückstufung Ihres Rabattes.

Soll keiner sagen, dass es nicht auch anders geht:

Wir haben eine erfreuliche Mitteilung für Sie: Ihr monatlicher Versicherungsbeitrag verringert sich zum 1. März 2006 von 295,61 Euro um 0,01 Euro auf 295,60 Euro.

Wir wollen uns einmal für ihre zügige und undemokratische Schadensbearbeitung bedanken.

Wenn es darum geht, bestimmte Sachverhalte zu klären, haben beide Seiten oft viel Vergnügen miteinander.

Hier dürfte doch ein Wurm drin sein, der im Falle eines Falles hohe Wellen schlagen wird.

Wir haben die Tapeten mit Ungeziefermittel ruiniert. Zahlt die Hausratsversicherung den Schaden? Das waren so kleine weiße Würmer. Ich habe Ihnen welche beigelegt ...

Wer möchte da schon gern das Kuvert geöffnet haben?

Nach Ansicht des Sachverständigen dürfte sich der Verlust zwischen 250.000 € und einer Viertelmillion bewegen.

... bitte lassen Sie sich vom zuständigen Polizeirevier bestätigen, dass der Schaden wegen Geringfügigkeit nicht polizeilich aufgenommen wurde.

Ihrem zuständigen Vertreter ist der Versicherungsnehmer bestens bekannt. Er hat einen schlechten Ruf und ist dazu Brillenträger.

Ich habe einen Zeugen, der spricht aber nur ausländisch, weil er kein Deutscher ist.

Ich finde den Prozentsatz meiner Beschädigung zu niedrig. Ich stelle hiermit den Antrag, meine Behinderung zu erhöhen.

... habe ich als Privatversicherter es nicht nötig, den ganzen Urlaub an einem gewissen Ort zu verbringen.

Seit einiger Zeit haben wir neben dem Telefon auch Telesex.

✎ *Dazu passend:*

Die Unfallgeschädigte hat sich zu einer gütlichen Vereinigung nicht bereiterklärt.

Ihre Versicherungsnehmerin hat zwar viele Verhältnisse aber kein Arbeitsverhältnis.

Sie sah mich, verlor den Kopf und wir stießen zusammen.

✎ *Auch wenn es die schöne Sendung »Was bin ich?« nicht mehr gibt: An dieser Stelle wollen wir ein wenig heiteres Beruferaten spielen.*

Ich bin als Ehegatte im Betrieb meines Mannes beschäftigt.

Ich hatte mehrere Tankstellen von meiner Frau geerbt, die ich verpachtet hatte.

... auch bringe ich kaputte Maschinen in die Fabrik, auch bringe ich Raumpflegerinnen oftmals nach Hause. Das dürfte mit einem Gewerbe nichts zu tun haben.

Ich bin von Beruf »Schweißer«. Ihr Computer hat an der falschen Stelle gespart und bei meinem Beruf das »w« weggelassen!

Der Versicherte geht wieder seiner gewöhnlichen beruflichen Tätigkeit nach. Er erledigte seine Kunden mit einer Begleitperson.

Der neue Arbeitgeber wurde Ihnen bereits zugesandt.

Ich bin selbstständige Kauffrau im Einmannbetrieb.

Aus gesundheitlichen Gründen gebe ich meinen Betrieb auf und lasse mich bei einer Behörde anstellen.

Ich bitte, mein Geschäft nicht mit ähnlichen Schwindelunternehmen zu verwechseln.

Antwort auf Schuldfrage: »Natürlich ich! Solche blöden Fragen habe ich noch nie gesehen.«

Das Verhältnis zwischen Versicherungsnehmer und Gesellschaft ist manchmal getrübt. Da können einem dann schon mal die Nerven durchgehen.

Ihr Versicherungsnehmer beendete das Telefongespräch auf eine nicht akzeptable Art und Weise, in dem er äußerte: »... dann leck mich doch am Arsch!« und den Hörer auflegte.

Ihre Argumente sind wirklich schwach. Für solche faulen Ausreden müssen Sie sich einen Dümmeren suchen, aber den werden sie kaum finden.

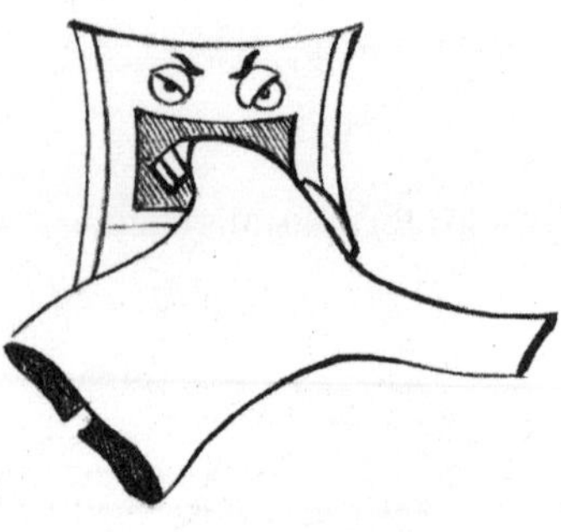

Wenn Versicherungen zahlen sollen, sind sie immer diejenigen, die sich vor jedem Schaden drücken. Glauben Sie denn wirklich, dass ich nicht die nötige Sorgfalt angewandt habe, meinen neuen Mantel an der Ofentüre zu verbrennen?! Es müssten Dämlichere gesucht werden, die sich auf dieser Tour einen neuen Mantel erwerben wollen.

… der zuständige Herr ließ mich erst mal eine Stunde warten, dann kam er und sagte mir, für Ihre Versicherung wäre ich schon tot. Daraufhin gab ich zur Antwort, dann aber sofort die Versicherungssumme an meine Frau auszuzahlen. Um mich nicht noch besser zu ärgern, bin ich gegangen.

Verehrter akkurat arbeitender Sachbearbeiter! Träumen Sie, haben Sie Geldsorgen, Sind Sie verliebt? Anders kann ich Ihre dämlichen Mahnungen nicht erklären.

Sollten Sie mir wieder mit solchen plumpen Mätzchen kommen, die Sie Kleinstkindern als Märchen erzählen können, oder sollten Ihre Gedanken darauf schließen, das ist ja nur ein ganz Armer und zu dumm, sich zu wehren, dann täuschen Sie sich. Sie sollten sich das wohlweislich überlegen, denn falls wieder ein ablehnender Bescheid kommt, werden Sie was erleben.

✎ *Ob es nicht klüger wäre statt zu drohen, sich im Ernstfall an einen Anwalt zu wenden? Hin und wieder bleibt gar keine andere Wahl.*

Ich werde durch einen Rechtsanwalt meines Vertrauens, wenn es sein muss, in eine noch höhere Distanz gehen!

Nach herrschender Rechtsbrechung muss dieser Fall aber doch anders gesehen werden.

✎ *Doch auch Juristen sind vor Stilblüten nicht gefeit:*

Da der aufklärende Arzt nur gebrochen Deutsch sprach, war das eine denkbar schlechte Voraussetzung für die Durchführung des fraglichen Aufklärungsgespräches.

Mein Mandant hat es sicherlich nicht nötig, sich wegen 200 € die Hände in Unwahrheiten zu reinigen.

In obiger Unfallschadensache darf ich Ihnen mitteilen, dass sich mein Mandant erledigt hat.

✎ *Dem Laien bleibt nur noch folgende Aussage:*

Ich bin versicherungsmäßig nicht vorgebildet und kann daher nur wahrheitsgemäß antworten.

Gemäß meiner tiefsten Überzeugung, dass ich unsterblich bin, kündige ich hiermit meine Lebensversicherung …

Ist es ein Wunder, dass am Ende manchmal nur noch die Trennung bleibt?

Ich habe bei Ihnen einen unsittlichen Zehnjahresvertrag abgeschlossen, den ich jetzt auflösen will.

Ich danke Ihnen für Ihre Großzügigkeit, dass Sie mich ab 1. 8. laufenlassen.

In allen Ihren Schreiben kommt immer wieder »Ihr Bedauern« zum Ausdruck. Da ich damit keineswegs meine Misere bessern kann, muss ich vor lauter Rührung meinen Vertrag bei Ihnen kündigen.

Hiermit möchte ich meine Hausratversicherung kündigen, da ich meinen ganzen Haushalt aufgelöst und verschrottet habe.

Hiermit kündige ich meinen Krankenversicherungsvertrag. Ich bin zu der Erkenntnis gelangt, dass durch die offizielle Medizin keinerlei Hilfe, sondern bestenfalls Symptomenverschleierung zu erwarten ist.

Hiermit kündige ich Ihre Haftpflicht-Versicherung. Ich bin zur Zeit in Haft und brauche daher keine Haftpflicht-Versicherung.

Hiermit kündige ich den mit meiner Versicherung gekoppelten Zusatzvertrag für meine Tochter Edelgard, weil sie hinreichend gegen die Gefahren des Lebens gesichert ist.

30 Jahre Versicherung, 30 Jahre kein Schaden. Das ist wahrlich genug! Deswegen kündige ich jetzt. Was hätte ich mit dem Geld alles Schönes machen können!

Hiermit kündige ich, weil mir die Schadenbearbeitung zu lange dauert. Bitte überweisen Sie mir die auf Verdacht gezahlten Beiträge.

Hiermit kündige ich die Versicherung meiner Frau. Von Konservierungsbemühungen bitte ich Abstand zu nehmen.

Ich kündige die Lebensversicherung fristlos. Warum – das ist mein Geheimnis!

✎ *Diese Kündigung hat es wahrlich in sich:*

Unersättliche Versicherungsgeier, nachdem Sie schon versucht haben, mich mit einem miesen, rechtswidrigen Trick in die teure Rechtsschutzversicherung zu drängen, kommen Sie mir nun mit unverhüllten, primitiven Drohungen. Dabei haben Sie über all die Jahre einen guten Schnitt mit mir gemacht. Ihre widerliche Geldgier holt Ihnen hoffentlich mal den gesamteuropäischen Wirtschaftskrebs in Ihr mieses Provinzunternehmen. Ich kündige hiermit den Rechtsschutzversicherungsvertrag zum Ablauftermin. Ich verabschiede mich mit einem dreifachen Götz v. Berlichingen. Hol Sie der Teufel!

Ich bin in eine Sekte eingetreten. Jetzt weiß ich, dass ich ewig leben werde und kündige daher meine Lebensversicherung.

Die Versicherte ist letztes Jahr verstorben. Sie gibt Ihnen das noch schriftlich.

Das mit dem ewigen Leben ist so eine Sache. Doch selbst im Tod scheint man vor bürokratischen Zweideutigkeiten nicht gefeit. Hier einige Beweise:

Ich möchte Ihnen mitteilen, dass der Verstorbene sein diesseitiges Konto aufgelöst hat. Über sein Konto im Jenseits kann ich keine Auskunft erteilen.

Hiermit zeigen wir Ihnen an, dass der Versicherungsnehmer verstorben ist. Wir hoffen, Ihnen damit gedient zu haben ...

Da sprang der Verfolgte ins Wasser und tauchte trotz mehrmaliger Aufforderung nicht mehr auf.

✎ *Anschließend ein paar besonders schauerlich-schöne Grüße an die Versicherung aus dem Jenseits:*

Der Schadenverursacher ist laut Rückbrief verstorben.

Der Grabstein wurde von einem Verstorbenen umgeworfen.

Der Brief konnte Herrn K. nicht erreichen, da er seit Dezember auf dem Friedhof liegt, was Ihnen in meinem Schreiben vom 14. 12. auch mitgeteilt wurde und von Ihnen am 23. 12. dokumentiert ist.

Hiermit teilen wir Ihnen mit, dass Herr Ingo K. am Donnerstag um 2:30 Uhr verstarb. Wir bitten um Bestätigung.

Der bedauerlicherweise tödlich verunglückte Herr F. hat selbst Ansprüche bisher nicht geltend gemacht.

Im Auftrag der am 31. Mai verstorbenen Frau Johanna K. kündige ich den im Betreff genannten Versicherungsvertrag.

✎ *Im vorliegenden Fall besteht wenigstens noch ein bisschen Hoffnung:*

... ich bin schwer krank gewesen und zweimal fast gestorben. Da können Sie mir doch wenigstens das halbe Sterbegeld auszahlen!

✎ *Dieser Betroffene hat seinen ganzen Weltschmerz in den folgenden Brief gepackt:*

Dem Chef dagegen geht es gut, er verdient durch seine Monteure viel Geld. Säuft sich voll und ist nicht mehr fähig, seine Leute sicher nach geleisteter Arbeit nach Hause zu fahren. Das Ende – ein wertvolles Menschenleben ist vernichtet, zu Tode gefahren, ein anderer tritt an seine Stelle – und alles andere ist damit erledigt ...

Die Lücken bei meiner Frau sind mir nicht ganz klar

oder:

Mann und Frau aus versicherungs-technischer Sicht

Wie könnte es auch anders sein: Im Versicherungsbereich ist das Verhältnis zwischen den Geschlechtern genauso kompliziert wie im richtigen Leben. Im Schriftverkehr mit den Assekuranzen offenbart sich die ganze Tragik von Mann und Frau, die jedoch nicht selten brüllend komisch wirkt.

Beim Antrag habe ich vergessen, die Spalte der Ehefrau auszufüllen, weil wir erst verlobt sind.

Durch Verehelichung mit meinem Ehegatten Erwin B. übertrage ich jenem die Erberechte im Falle meines Ablebens, ich bitte um Benachrichtigung.

Ich habe bei Ihnen eine Lebensversicherung abgeschlossen. Ich möchte diesen Vertrag wieder rückgängig machen. Ich möchte noch 1 Jahr warten, bis ich richtig verheiratet bin.

Ich möchte Sie darüber informieren, dass ich am 23. 10. 1998 geheiratet habe. Gleichzeitig bitte ich um Berücksichtigung meines richtigen Geburtstages, nämlich den 29. 12. 1996.

✎ *Man kann nicht früh genug damit anfangen!*

... möchte ich Ihnen mitteilen, dass ich geheiratet habe. Eine Gefahrenerhöhung ist nicht eingetreten.

✎ *Noch nicht, möchte man sagen!*

Infolge Ehe hat sich mein Name von Tod auf Kummer geändert.

✎ *So etwas sollte zu denken geben!*

Die Ehe ist schon in der Zeit eingegangen worden, in der sie eigentlich noch nicht entstanden ist und nach der Geburt der Tochter hat sie aufgehört, ihren Zweck zu erfüllen.

Wie hoch ist die Prämie für meinen Mann, der zwar im Juni 60 Jahre alt wurde, aber 10 Jahre jünger aussieht?

Mein Mann hat damit nichts zu tun, weil ich am Stichtag noch nicht verheiratet war.

✎ *Auch nach der Eheschließung ereignen sich bisweilen merkwürdige Dinge:*

Seit dem 1. Juli bin ich Familienmitglied bei meinem Mann. Nach dem Genuss eines Hamburgers hatte ich akute Juckreize und musste zum Doktor.

Ich stelle immer wieder fest, dass meine Frau wesentlich leistungsfähiger ist als ich. Sie kann viele Stunden bei grellem Sonnenschein im Garten arbeiten und auf der Reise schwere Koffer tragen. Das kann ich alles nicht.

... denn meine Frau wird regelmäßig von der Bayerischen Gemeindebank in München abgezogen.

Meine Gattin macht mit Erfolg eine Entfettungskur. Da muss doch der erhöhte Betrag wegen dem Übergewicht zurückgenommen werden.

Mein Mann stürzte vom Baugerüst, weil er das Übergewicht verloren hatte.

✎ *Da sieht man wieder einmal die Folgen des Diätwahns!*

Da meine Frau in Würzburg unbekannt ist, musste sie in Bekleidung reisen. Hierdurch entstanden Unkosten.

Da ich am 21. 6. geheiratet habe, bitte ich Sie, falls notwendig, dies zu ändern. Vielleicht könnte einer Ihrer Mitarbeiter, nach Vereinbarung, bei mir vorbeikommen.

Sehr geärtes Firma!
Ich nicht wuste das ich so fiel Geld bekome. Ich habe neuer Mann und zufriden. Möchte das mein Mann auch Versicherung machen kann. Schieken Sie mir neue Pohlise und auch das Ohrigenal.
HochachtungsVoll

✎ *Ein offener Umgang der Ehepartner miteinander ist Voraussetzung für ein zufriedenes Miteinander. Andernfalls – aber lesen Sie selbst!*

Sie haben beim Rabatt vergessen, dass ich mit meiner Frau ein Ehepaar bin. Dies ist ein Fehler, den ich leider lange übersehen habe und den ich zu berichtigen bitte!

Da ich verheiratet bin, bitte ich, das Geld nicht zu überweisen, sondern eiligst einen Barscheck zu senden.

Musik? – nein, Danke!

Die Ehefrau eines Malers in Exeter (England) kaufte sich eine Heimorgel und übte darauf Tag und Nacht. Nach monatelanger Qual drehte der Maler durch. Er zündete das Haus an, in dem das Paar 22 Jahre lang gelebt hatte. Es gab ein Gerichtsverfahren, aber keine Versicherungsentschädigung.

Meine Frau ist im Krankenhaus. Diagnose: Geldsucht.

Manchmal wird man das Gefühl nicht los, es hat sich in so mancher Ehe noch nicht recht herumgesprochen, dass wir inzwischen im 21. Jahrhundert leben:

Habe im Streit meiner Frau den vollen Aschenbecher nachgeworfen, sie aber nicht getroffen. Meine Frau hat trotzdem die Scheidung eingereicht.

Der geschleuderte Briefbeschwerer traf mich am Kopf. Die Wunde hat mir die Werfende, meine Frau, gleich behandelt. Sonst ist kein Schaden entstanden.

Das Seitbord wurde beschädigt, als mein Mann mit Weinflaschen nach mir warf.

Als mein Mann nach Haus kam, wusste er wegen dem Alkohol nicht wo er war und fiel durch die verglaste Tür in Richtung Hof.

... er hatte sich mit seiner Ehefrau erzürnt und wollte sich das Leben nehmen. Dann ist er aufs Dach geklettert und wollte sich das Genick brechen. Aber es war nur sein Bein.

✎ *In vielen Fällen klopft das Schicksal jedoch von außen an die Tür:*

Meine Frau stand aus dem Bett auf und fiel in die Scheibe der Balkontüre. Vorher war sie bei einem ähnlichen Versuch aufzustehen gegen die Zentralheizung gefallen.

Beim Kaffeemahlen sprang der Deckel von der Maschine ab. Dabei geriet meine Frau in das Mahlwerk.

Dass meine Frau die Treppe runtergesegelt ist, hat sie selbst zu verantworten. Warum hält sie sich nicht am Geländer fest – sie hätte doch spüren müssen, wie geladen ich war. Und dass sie dann gleich zum Scheidungsrichter rennt: Wie soll man so was ahnen?

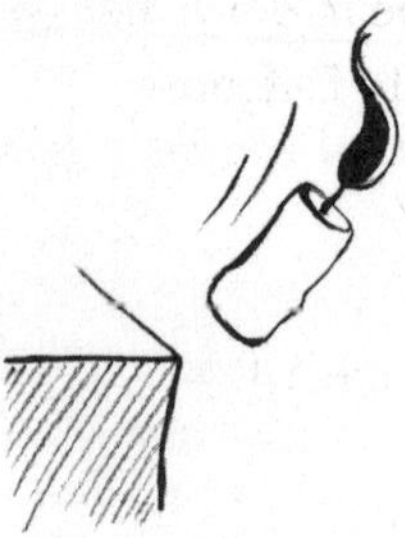

Meine Frau hat eine Kerze auf der Bettleiste brennen lassen. Durch die ehelichen Erschütterungen flog die Kerze herunter und verbrannte den Bettüberzug.

Meine Frau trug heftige Abschürfungen auf der Kehrseite davon, welche ich aber nicht näher beschreiben möchte.

Mein Mann leidet unter einer Leisten-Henry!

Unter einer was bitte??

Mein Mann ist mit Schrank und Nerven zusammengebrochen.

Es wurde festgestellt, dass die Hohlräume im Kopf meines Mannes vom Unfall herrühren.

✎ *Manch ein Missgeschick hat schwerwiegende Folgen:*

Nach einer aufregenden Nacht mit meinem Mann musste ich den Arzt einschalten, der die in der Arbeitsunfähigkeitsbescheinigung festgestellte Diagnose stellte.

Am 24. Januar hatte mein Mann einen Unfall. Er verlor ein Glied.

✎ *Und das Ergebnis:*

Mein Mann macht keine Geschäfte mehr und wenn er mal eins macht, dann sind das nur Tropfen auf einem heißen Stein.

Bei dem Verkehrsunfall wurde mein Mann so schwer verletzt, dass er lange Zeit nicht mehr unbeschwert lieben konnte.

✎ *Ob das der Gleiche war?*

Mein Mandant hat sich zu Straftaten hinreißen lassen, weil er Geld zur künstlichen Befruchtung seiner Partnerin brauchte.

Mein Mann lag nach einer schweren Darmoperation auf Leben und Tod. Zweimal kam er auf die Intensivstation und wurde mehrfach umgelegt.

✎ *Doch es trifft nicht nur die Herren der Schöpfung:*

Während des Aufenthalts meiner Frau im Krankenhaus stand sie mir als Ehepartner nicht zur Verfügung. Unser normaler Bedarf im ehelichen Verkehr ist wöchentlich im Durchschnitt 2-mal. Da meine Frau wegen der körperlichen Schäden diesem Bedarf nicht nachkommen konnte, war ich gezwungen mir auf dem freien Markt meinen Ausgleich zu suchen. Dies ist jedoch mit entsprechenden Kosten verbunden.
Um auch nur annähernd an das Format meiner Frau heranzukommen, ist unter 160 € nichts zu machen. Es ergibt sich daher aus dem oben aufgeführten folgende Rechnung: Gesamtzeit des Krankenstandes meiner Frau:
7 Wochen. Je 2-maliger Bedarf des körperlichen Ausgleichs meinerseits à 160 € = Summe 2240 €. Ich bitte Sie, diesen mir entstandenen Schaden anzuerkennen und den Betrag alsbaldigst zu überweisen ...

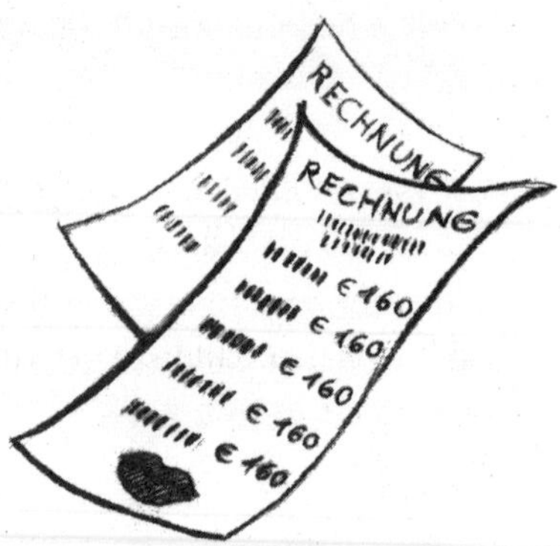

Anbei die Rechnungen für den kurzweiligen Krankenhausaufenthalt meiner Frau.

Meine Frau wurde am 7. des Monats zur Entfernung eines gutmütigen Geschwürs in die Frauenklinik eingeliefert.

✎ *Gut, dass es ärztliche Hilfe gibt!*

... ich schicke Ihnen die Rechnung von Prof. Dr. L. für die Leistungen an meiner Frau.

Hiermit gebe ich Ihnen bekannt, dass meine Frau nicht im Krankenhaus gelegen ist, sondern nur so, beim Arzt.

Mein Mann musste einen Arzt aufsuchen, infolgedessen er für 14 Tage krankgeschrieben wurde.

Ihrem Versicherten ist scheinbar nicht viel passiert. Als ich ihn nämlich fragte, ob ich ihn ins Krankenhaus bringen soll, gab er zur Antwort, dass ihm eine ambulante Behandlung in meiner Wohnung genügen würde. Ich lehnte das ab, weil ich eine verheiratete Frau bin.

✎ *So etwas nennt man Solidarität:*

Ich habe mir den rechten Arm gebrochen, meine Braut hat sich den Fuß verstaucht – ich hoffe, Ihnen damit gedient zu haben.

Obwohl der Mann einen Seitensprung machte, kam nicht er, sondern seine Frau zu Schaden ...

Manchmal ist es weniger der körperliche als vielmehr der seelische Schmerz, der die Menschen bewegt. Vor allem die Treue der Partner zueinander stellt nicht nur diese selbst, sondern auch die Sachbearbeiter der Versicherungen vor schier unlösbare Probleme:

Die Heirat mit meinem Mann war ein Risiko. Er ist auf und davon, der kommt nicht wieder. Sie können mir also die Risikoversicherung auszahlen ...

Da ich mit meinem Mann nicht mehr zusammenlebe, bitte ich Sie höflichst, Ihren zuständigen Vertreter vorbeizuschicken.

Meine Ehefrau lief mit meiner Wäsche, den Federbetten sowie dem Geliebten weg. Der Wert dieser Dinge beträgt etwa 350 €.

Um ständigen Streitereien um Unterhaltszahlungen aus dem Weg zu gehen, habe ich meinen geschiedenen Frauen nahegelegt, sich selber zu versichern.

Sie verfolgen einen sehr schlechten Arbeitsstil, indem Sie meinen Versicherungsbeitrag willkürlich erhöhen, obwohl mein Anwalt Sie über die Unschuld meiner Frau bzw. ihres unabwendbaren Ereignisses schriftlich informiert hat.

Durch Herzasthma kam ich in Rente. Deshalb bin ich auch von meinem Mann weg, weil ich so feucht nicht wohnen kann.

Ich habe die Versicherung gekündigt, weil mein Mann weggegangen ist und ich kein anderes Schwein züchten will.

... bei dieser Versicherung wirkt sich besonders ungünstig aus, dass mein Mann schon nach verhältnismäßig kurzer Zeit gesündigt hat.

Den Scheidungsantrag ziehe ich zurück, da mein Mann kein Gefühl mehr hat, hauptsächlich in der rechten Hand.

Seit der Trennung von meinem Mann wird jeder notwendige Verkehr durch meinen Rechtsanwalt erledigt.

Trost finde ich nur noch bei meiner Nachbarin, die Freund und Leid mit mir teilt.

✎ *Das nennen wir Offenherzigkeit!*

✎ *Für die vorliegenden Fälle gilt das alte Sprichwort: Wer den (Sach-) Schaden hat, spottet jeder Beschreibung:*

Hiermit melde ich einen Schaden an meinen Büromaschinen. Da die Schadenursache durch Sabortage bedingt ist (Einwerfen von Büroklammern), habe ich die beiden Mitarbeiterinnen einem inquisitorischen Befragungsverfahren unterworfen. Beide haben rundweg erklärt, dass vom Arbeitsablauf her das Hineinfallen oder Hineinwerfen ausgeschlossen ist. Im Anschluss an diese Befragung kündigte Fräulein V. das Arbeitsverhältnis fristlos. Meine Frau, die zweite Mitarbeiterin, begab sich zu einem Anwalt und wird wahrscheinlich die Scheidung beantragen.

Brennende Eifersucht

Ein Ehemann in Toronto/Kanada kletterte in den Kamin seines Hauses, um seine Frau zu belauschen, von der er glaubte, sie betrüge ihn mit seinem Nachbarn. Als die Ehefrau dies bemerkte, ließ sie ihrer Empörung – denn sie fühlte sich vollkommen unschuldig – freien Lauf: Sie fachte ein Feuer im Kamin an und sorgte auf diese Weise dafür, dass es ihrem eifersüchtigen Ehemann ziemlich warm wurde. Er musste schließlich von der Feuerwehr aus dem Kamin gezogen werden. Die Folgen für die Ehe sind nicht bekannt!

Meine Frau muss zur Kur. Ich befürchte, dass sie da jemanden kennenlernt. Meine Frage: Ich brauche eine Kurschatten-Versicherung. Machen Sie so was auch?

✎ *Ja, ja: Misstrauen zwischen Partnern ist häufiger, als Sie denken!*

Anbei schicke ich Ihnen die Arztrechnung von meiner Frau ein, die ich erst gestern unterm Sofa gefunden habe.

Ihre wiederholten Fragen sind mir unverständlich, zumal meine Gattin Ihrem Vertreter alles gezeigt hat, was dieser sehen wollte.

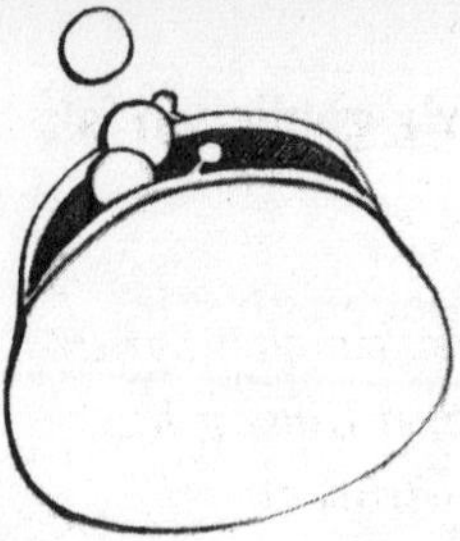

Wenn ich nicht mein Geld bekomme, schicke ich meine Frau jeden Tag zu Ihrem Direktor, bis es Folgen hat …

… nachdem jedoch der Staat mir diese Absicht zum zweiten Mal zunichtegemacht hat, habe ich 1. in solch langfristiger Planung ein Haar gefunden, 2. den festen Vorsatz gefasst, meine Frau in anderer Form zu sichern bzw. noch lange nicht zu sterben.

Ich teile Ihnen höflich mit, dass ich kein Verhältnis mit Ihnen habe, ich bezahle nur meine Frau bei Ihnen.

Ich melde hiermit den Diebstahl meines Mannes Hans W. Die Rechnung über 175 € liegt bei.

✎ *Jetzt wissen die Männer wenigstens, was sie wert sind!*

Alles, was von meinem Mann übrig geblieben ist, schicke ich Ihnen hiermit zu.

Abschied ist immer ein kleiner Tod, lautet ein altes Sprichwort. Wenn es nun wirklich um die letzten Dinge geht, kann die Trauer schon einmal die Sinne trüben!

Muss ich erst meinen Mann umbringen, bevor ich das Geld bekomme?

Ich möchte Ihnen mitteilen, dass meine verstorbene Frau weiter nichts hinterlassen hat als die getragene Kleidung und die Allianz-Versicherung.

Ich teile Ihnen hiermit mit, dass mein Mann gestorben ist, damit die Schwerbehinderung aufgehoben wird.

Ich möchte Ihnen mitteilen, dass mein Mann verstorben ist. Ich dachte, das wäre längst erledigt. Durch eine Rückfrage erfuhr ich, dass ich das selbst erledigen muss.

Aus der anliegenden Urkunde können Sie ersehen, dass mein Mann gestorben ist, damit sein Vertrag erlischt.

Einnahmen aus der Viehhaltung haben wir keine. Mit dem Tod meines Mannes ging das letzte Rindvieh vom Hof.

Der Rückgang der Wirtschaft ist darauf zurückzuführen, weil mir vor zwei Jahren ein Pferd kaputtgegangen ist, dieses ist auf das Verschulden meiner Frau zurückzuführen, die vor sieben Jahren gestorben ist.

Seitdem mein Mann verstorben ist, werden Stall und Scheune von mir nicht mehr genutzt.

Ich bitte um freundliche Nachricht, ob Sie etwas von meinem toten Mann in Ihren Akten haben?

Ich habe nun so viele Formulare ausfüllen müssen, dass es mir bald lieber wäre mein geliebter Mann wäre überhaupt nicht gestorben.

✎ *Diese Dame sieht das möglicherweise anders:*

Ihnen und Ihrem Inspektor Herrn K. meinen herzlichen Dank. Vor drei Monaten erst wurde mein Mann in obige Sterbekasse-Versicherung aufgenommen, heute ruht er aber schon bereits mehrere Tage im Grab. Eine solch kulante Gesellschaft braucht nicht empfohlen zu werden, sie empfiehlt sich von selbst.

Die Hälfte der Lebensversicherung würde ich wieder zurückgeben, wenn man meinen verstorbenen Mann wieder zum Leben erwecken könnte ...

Ich habe den Wagen meines Mannes verkauft, weil dieser seine Seele ausgehaucht hat.

Außer meinem Hause beziehe ich nur 50 % meines verstorbenen Mannes.

1989 entriss mir der Tod meinen Mann und seitdem lebe ich zufrieden und zurückgezogen.

Ich bestätige hiermit, dass ich mit der Kündigung von meiner Ehefrau einverstanden bin. Ich kündige sie hiermit.

✎ *Mancher Leser wird sich sagen: Wenn es nur so einfach ginge! Noch einfacher allerdings macht es sich der folgende Versicherungsnehmer:*

Wie ich der Inkassoabteilung Ihrer Gesellschaft bereits mehrmals mitgeteilt habe, bin ich am 25. 8. verstorben. Da ich bis jetzt leider noch nicht weiß, ob ich nach oben oder unten komme, kann ich Ihnen noch leider keine neue Adresse mitteilen ...

✎ *Manche setzen ihre letzten Hoffnungen in die Versicherungsgesellschaft:*

Ich beantrage die Wiederbelebung meiner Ehefrau Magda, sowie Tochter Renate und Sohn Egon ab 1. Juni.

✎ *Übrigens:*

Ehefrauen, die ihren Mann erschießen, haben nach einer Entscheidung des Bundessozialgerichts keinen Anspruch auf Witwenrente.

Der Gläubiger ist der Ehemann der Schwester des Bruders des Ehemannes der Schuldnerin

oder:

Familienbande

Wir alle wissen: Familienverhältnisse können kompliziert sein. Das beginnt schon bei den Kindern. Und wenn man dann noch, aus welchen Gründen auch immer, seine Verhältnisse gegenüber einer Versicherung offenlegen muss, kann man schon einmal ins Schleudern geraten. Mit Worten, versteht sich. Dieses Kapitel soll einiges darüber verraten.

... bislang war ich ledig, meine Verlobte auch, nur mit dem Unterschied, sie hat, besser gesagt, wir haben zwei Kinder. Theoretisch sind wir schon lange eine Familie, doch praktisch nicht.

Ihr Computer hat mir ein Kind zugelegt. Ich habe kein Kind, schon gar nicht von ihrem Computer.

Ich bin bei Ihnen krankenversichert und wäre Ihnen dankbar für die Mitteilung, wie sich meine Prämie verändert, wenn 1. ich heirate – ohne Kind, 2. ich heirate – mit Kind, 3. ich heirate nicht, aber lasse ein Kind bei mir mitversichern.

... da ich im Rahmen meiner Unfallversicherung ein Krankenhaustagegeld abgeschlossen habe, frage ich an, ob diese Versicherung auch für eine Entbindung zutrifft.

… erlaube ich mir, wieder eine Rechnung über Antibaby-Pillen beizufügen, da ich glaube, dass dies Ihre Versicherung doch sicher billiger kommt, als eine Schwangerschaft mit Klinikentbindung und vielen Nebenkosten zu erstatten.

Ob sich die Versicherung wohl darauf eingelassen hat?

Für mich ist diese Versicherung insofern gleich eine Unfallversicherung, als ich bei plötzlicher Schwangerschaft auch meinen Beruf nicht mehr ausüben kann.

Das Kind muss gestrichen werden. Es handelt sich dabei um ein Versehen Ihres Vertreters.

Übrigens ist meine Frau gestern für einige Tage »umständehalber« zur Beobachtung ins Krankenhaus gekommen. Ich werde noch mit Ihnen abrechnen.

Bitte unternehmen Sie endlich was, unser Kind wird in Kürze zur Welt kommen!

Aus einem Fragebogen an eine Versicherte:

Hat jemals ein Krankenhausaufenthalt stattgefunden?
– Ja
Art der Krankheiten, Unfälle, Beschwerden?
– Entbindung
Bestehen Folgeerscheinungen?
– Ja
Welche?
– Ein Kind

Meine Frau hat zu Hause entbunden. Das hätte genausogut im Krankenhaus passieren können. Deshalb bitte ich um Auszahlung des Krankenhaustagegeldes ...

Hiermit frage ich höflichst an, ob Sie meiner Frau im Stillen helfen können, wie es die Kassen als Pflichtleistung tun.

✎ *Da war wohl wirklich Not am Mann ...*

Ich tat mein Möglichstes. Da meine Frau gerade im Wochenbett lag, legte ich mich jede Nacht zu der Kuh in den Stall, was aber keinen Erfolg hatte ...

✎ *Na, anscheinend doch!*

Durch die Heirat mit meiner Frau bin ich zu einer weiteren Kuh gekommen, die ich bei Ihnen versichern will.

Bitte nennen Sie mir die Prämie für ein uneheliches Kind (15 J.).

Ob unehelich oder nicht, der Countdown läuft:

Ihr Versicherungsnehmer hat gebaut und möchte in Zukunft nicht mehr arbeiten, aber Kinder kriegen.

Der Grund, warum ich die Prämie nicht bezahlen konnte, war folgender: Ich bin schon 12 Jahre verheiratet, bisher kinderlos. Mit viel Mühe und Vorsicht war es dann doch noch möglich. Am 12. 4. hat meine Frau einen Sohn geboren ...

Bei diesem Datum handelt es sich allerdings um die Geburt meines Sohnes, den ich weder als Schadensfall betrachte noch als solchen gemeldet habe.

Ich habe Rheumatismus und ein Kind von vier Jahren, was auf die Feuchtigkeit zurückzuführen ist.

Was die Vaterschaft meiner Zwillinge angeht, steht fest, dass Jim Munson der Vater des ersten Kindes ist. Beim zweiten Kind bin ich mir nicht so sicher, aber ich glaube, das war noch in der gleichen Nacht!

Auch unsere 2. Tochter ist wieder ein Mädchen. Bitte nehmen Sie sie in die Krankenversicherung auf.

Anbei erhalten Sie Rechnung und Geburtsschein meiner zweiten Tochter mit der Bitte, diese zu erledigen.

Aus meiner Ehe stammen zwei Söhne, die die Familie mit vier Ekeln vergrößerten.

Zu wenig versichert ...

... war Mrs Margaret Bradbury aus Glover in England. Die Ehefrau, die Versicherungen gegen Unfälle, Diebstahl, Feuersbrunst, Hagelschlag, Krankheiten, verregnete Ferien und selbst Zwillinge abgeschlossen hat, brachte Drillinge zur Welt.

Würden Sie mir bitte das dritte unehrliche Kind in die Versicherung aufnehmen?

Bitte versuchen Sie, einer bedauerlichen Mutter von drei Kindern zu helfen.

Zuerst hatte ich ja auch Schmerzen, aber es war Gott sei Dank nichts Bleibendes. Im Endeffekt habe ich Herrn K. sogar fast zu danken, denn Dank seiner »Treffsicherheit« wusste ich zwei Tage später, dass ich mein 5. Kind bekomme.

Ich habe fünf kleine Kinder im Alter von zwei bis acht Jahren und kann wegen Rheumatismus auch nicht mehr so wie früher.

Meine Familie besteht aus sechs unversorgten Kindern. Mein Mann ist davon. Ich bin daher ganz entblößt.

Ich habe eine großköpfige Familie – nämlich sieben Kinder, wo noch alle minderwertig sind.

Im Übrigen hat Herr B. nur eine ärmliche Landwirtschaft mit drei Stück Vieh und neun Kindern.

Ich bitte Sie, den o. g. Versicherungsschein um ein weiteres Kind zu ergänzen.

Wir finden: Jetzt sollte Schluss sein! Beziehungsweise:

Der genaue Hergang kann nicht geschildert werden, da es nachts passierte.

Keine Versicherung gegen Untreue!

Frauen können sich jetzt bei einer Londoner Versicherung gegen die Folgen einer Schwängerung durch Außerirdische versichern. Es gibt auch eine Police, die Kundinnen mit dem Vornamen Maria vor den finanziellen Folgen einer Unbefleckten Empfängnis schützt. Und selbst Prostituierte können sich gegen berufsbedingte Rückenschmerzen versichern. Pech hatte allerdings ein britischer Bankier, der die Treue seiner attraktiven Ehefrau versichern wollte – nach »Inaugenscheinnahme« lehnte Lloyds of London ab.

Es wird um Rückerstattung des beiliegenden Sohnes Hermann gebeten.

Kinder und Versicherungen – ein Kapitel für sich ...

Ich möchte rückwirkend zum 31. 12. 2008 die o. g. Versicherung kündigen. Gleichzeitig bitte ich um Rückzahlung der Prämie, da mein Sohn zum Zeitpunkt des Abschlusses noch »Milchzähne« hatte und hiermit ein Schadensfall nicht eintreten konnte ...

Mein Fritz hat überhaupt nichts gemacht. Er ist nur an der vollbepackten Frau S. vorbeigerannt, die dann durch den Luftzug umgefallen ist.

Unser Sohn hat die Saugdüse meiner Bekannten beschädigt. Eine Reparatur war nicht mehr nötig.

Da meine Tochter und ich im Hause anwesend waren, handelt es sich um eine starke Geruchsbelästigung im ganzen Haus.

Ich wollte meinem fünfjährigen Sohn mit meiner rechten Hand auf seinen Unaussprechlichen draufgeben. Für diesen Zweck habe ich ihn mit der linken Hand am Kragen gepackt, er machte aus lauter Schreck einen Sprung, der Schlag auf seine vier Buchstaben kam dazu. Die drei Kräfte haben sich getroffen, wirkten im gleichen Moment sich summierend in eine Richtung und trafen auf meine Rippe ...

Die Aufsichtspflicht bei meiner kleinen Tochter habe ich nicht verletzt. Nur als sie dem Pudel von der Familie F. einen Tritt versetzte, habe ich gerade weggeschaut.

Ich wollte meinen Sohn übers Knie legen, aber beim Ausholen blieb ich am Bügel des Mülleimers hängen und verletzte mich ...

Beim Spielen beim Nachbarn stieß mein Sohn Wolfgang gegen eine Fensterscheibe und zerbrach.

Mein Junge wurde von einem Hund angefallen, bevor ein Mann ihn erschlug.

... dann aß unser Sohn Mäusegift, worauf er schielte, was aber abgelehnt wurde, weil es vor Versicherungsbeginn geschehen war.

Mein Sohn Hans befand sich bei beginnender Dämmerung mit seinen Freunden auf einem Spielplatz. Plötzlich entdeckte er einen runden, dunklen Gegenstand. In der irrigen Annahme, es sei ein kleiner Gummiball, den ein Kind vergessen hatte, nahm er einen Anlauf und wollte den Ball mit kräftigem Schlag seinen Freunden zu spielen. Der Irrtum stellte sich unverzüglich heraus: Es handelte sich um eine Eisenkugel zum Kugelstoßen.

Hiermit möchte ich mir gestatten, Ihnen meinen Sohn als Unfall zu melden.

Ich bitte um Wiederaufnahme des linken Knies meines Sohnes in die Krankenversicherung.

Meine Tochter ist immer noch krank. Sie liegt im Bett und fiebert mit Hochachtung. Frau Schulze.

Mein Sohn Kai ist jetzt auf Entzug. Vom Heroin hat er die Nase voll.

Als ich nach Hause kam, schwamm mein 8jähriger Sohn im Wohnzimmer herum, da das Bad übergelaufen war.

Nachdem Sie unserer Tochter die Aussteuer-Versicherung bezahlt haben, wurde Sie von ihrem sauberen Herrn Bräutigam nachweislich um dieselbe gebracht und sitzengelassen. Gibt es dafür eine Entschädigung?

... die Bildungsvermögende Versicherung zwischen Eurem Agenten und meiner minderjährigen Tochter wurde ohne mein Wissen abgeschlossen.

Als unser Sohn nach Hause kam, bemerkten wir an ihm Läuse und Trübsinnigkeit.

Der Tennisball kam elegant und sauber an – abgeschlagen von meiner Tochter. Ich habe nur leider den Kopf statt des Schlägers hingehalten.

Ich schicke Ihrer Gesellschaft mit beigefügter Post die Liquidation meiner Tochter, die ich beim letzten Mal vergessen hatte.

Meine Tochter hat sich den Fuß verknackst, weil dieses verdammte Weibervolk ja keine vernünftigen Schuhe tragen will!

✎ *Angesichts all des Ärgers mit den lieben Kleinen muss einen die folgende Haltung nicht wundern:*

... da ich nie mehr den Fehler einer Heirat zu machen gedenke, entfallen bei mir jegliche Überlegungen, an Erben zu denken.

✎ *Wenn der Nachwuchs selbst zur Feder greift, bleibt kein Auge trocken!*

Liebe Versicherung! Meine Eltern sind heute zum Kegeln. Sie wissen nicht, dass ich Ihnen diesen Brief

schreibe. Ich möchte fragen: Können Sie mir versichern, dass ich immer regelmäßig meine Schularbeiten mache? Meine Mutter will mir das nicht glauben. Und können Sie mir versichern, dass ich im Sommer versetzt werde. Was kostet das?

Mein Vater hat mich verdroschen. Er sagte, von Ihnen bekomme ich Schmerzensgeld ...

Ich habe dann meinem Vater beichten müssen, dass er seine Autoversicherung nicht umsonst bezahlt hat.

Hiermit erkläre ich, dass mir der PKW meines Vaters ständig überlassen war. Somit war die Verfügungsmöglichkeit gegeben, natürlich nach Abstimmung mit meinem verstorbenen Vater.

Ich gebe Ihnen die Police im Auftrage meines verstorbenen Vaters zurück.

Mein Bruder ist verheiratet mit einem Kind von zwei Monaten.

Und nun wollen wir uns den etwas entfernteren Verwandten zuwenden!

Darf ich Ihnen einen kleinen Betrag schuldig bleiben? Anscheinend wird sofort jemand in der Familie krank, sobald ich Ihre Rechnung ganz bezahlt habe. Solange noch etwas offen ist, sind alle gesund.

Wer mir die Geldbörse gestohlen hat, kann ich nicht sagen, weil aus meiner Verwandtschaft niemand in der Nähe war.

Bitte geben Sie mir Bescheid, wie denn die Sachlage mit meiner Lebensversicherung ist. Ich habe nämlich keine große Lust, als Zittergreis 50 Mille womöglich an die Urenkel zu verteilen.

... dann war ich gezwungen, Alteisen zu sammeln, um meine Familie damit zu ernähren.

Muttern wird 50. Also zieht man die Kinder schick an, dreht sich die Haare auf, backt Kuchen. Alles läuft friedlich ab. Man freut sich. Doch plötzlich erblicken die Augen meiner Tochter Omas hübsche (recht empfindliche) Spieluhr. »Nur mal gucken« war noch ihr Ausspruch, dann landete die Spieluhr auf dem Boden: Arm ab, Bein ab, Kopf ab. Oma schimpft, Mutter schreit, Kind heult, Opa flüchtet ...

Auf eine Lebensversicherung kann ich verzichten. Ich will meinen Familienmitgliedern das hinterlassen, was sie verdient haben – nämlich nichts ...

Ich bin mit dem Kopf freiwillig gegen eine Sicherheitsglasscheibe gerannt, um aus der geschlossenen Abteilung herauszukommen, weil ich dringendst familiäre Dinge zu erledigen habe.

Wohl war ich etwas betrunken, als ich die Treppe hinunterstürzte. Es war wie erwähnt Sonntag, und ich war moralisch etwas defekt, da ich mich nach meinen Angehörigen sehnte.

Ich spielte mit meinen Bruder, dem brutalen Luder. Er schoss mit dem Ball und brachte mich zu Fall. Ich fiel auf meine Knochen und der Arm war gebrochen. Zum Glück bin ich versichert und habe nur gekichert.

Mein Schrei, der meine Schwester zurückgerufen hat, fand mich vor der Zimmertür ganz benommen vor.

Mit gleicher Post schicke ich Ihnen eine Kopie meiner Schwiegermutter zu, mit der Bitte um Weiterbearbeitung.

Ich kann die Instandsetzungskosten nicht bezahlen, weil meine Frau vor drei Jahren gestorben ist und ich von meiner Schwiegermutter unterhalten werde.

✎ *Na denn: gute Unterhaltung!*

✎ *Und das kommt dann davon:*

Ich entfernte mich vom Straßenrand, warf einen Blick auf meine Schwiegermutter und fuhr die Böschung hinunter.

An dem Unfall vom 18. 3. kann ich deshalb keine Schuld haben, weil meine Großmutter im Wagen saß, die immer gut auf mich aufpasst und mir auch diesmal mit dem Regenschirm über den Kopf haute, als das Auto die Kreuzung noch gar nicht erreicht hatte …

Ich bin 159 cm groß und habe eine Oma, die ist noch kleiner als ich, aber doppelt so schwer – kurz gesagt, sie ist also so breit wie hoch.

Opas Gebiss ist von unserem Vierbeiner vergraben worden.

Meine Tante ist 88 und war praktisch noch nie richtig krank. Sie ist rüstig und geht noch jeden Sonntag in die Kirche.

Mein Onkel macht z. Zt. in einer gewissen staatlichen Behörde eine Kur. Ich will daher seine Versicherung kündigen.

Mein Onkel starb letztes Jahr. Es ist müßig, den Versicherungsbeitrag einzutreiben, zumal das Grab von einem großen Stein verdeckt ist ...

Mein Schwager ist arbeitslos, verdient z. Zt. eine Menge Geld nebenbei. Kann ihn nie antreffen, da er immer arbeitet!

Bin im Havelmeer ertrunken. Mein Schwager, der Rettungsschwimmer ist, hat mit Wiederbelebungsversuchen Erfolg gehabt.

✎ *Selbstverständlich ist in Zeiten von Multi-Kulti auch die Verwandtschaft international:*

Ich, Carlo Scira, kann nur sagen: eine deutsche Frau heiraten, Kinder haben, dann hast du deine Sicherheit.

Bitte berücksichtigen Sie, dass nach dem italienischen Gesetz alle Leute, die älter sind als 14 Jahre, zeugen dürfen, seien sie auch Insassen oder Verwandte, Frau inbegriffen ...

✎ *Wenn dann auch noch fremde Verwandte ins Spiel kommen, ist die Verwirrung komplett:*

Er schlich mit seinem Bruder in meine Küche, wo er sie durch grobe Beleidigungen demolierte.

Infolge Umzugs habe ich mich verkleinert

oder:

Guter Hausrat ist teuer

Im Folgenden dreht sich bei uns alles um Haus und Hof. Ein weites (Versicherungs-)Feld, wie Sie schnell merken werden. Selbstverständlich spielen auch hier zwischenmenschliche Dramen eine ganz besondere Rolle.

Herr G. hat ein Haus gekauft und ist daher etwas beengt.

Seit zehn Jahren wohne ich in Mahldorf, wo ich in der Metzgerei als Gehilfe zum Ausweiden, Zerteilen und Bedienen der Kunden tätig bin.

Unsere Adresse ist nicht Fummelwiese, sondern Tummelwiesen 38. Auch wenn Ihnen der erstgenannte Name besser gefällt, so bitten wir um kurze Änderung sowie Bestätigung ...

Ich fahre mit meinem Hausmädchen in Urlaub. Wie kann ich mich versicherungsmäßig schützen? Die Verhältnisse sind wie gehabt!

Aus gesundheitlichen Gründen muss ich rasch nach Norddeutschland umziehen. Anbei die Umzugsrechnung mit der Bitte um Kostenübernahme.

Ihre Versicherungsnehmerin kam, sah und zerstörte. Ich kam, sah und heulte.

Wer den Schaden hat, braucht für den Spott nicht zu sorgen, sagt schon ein altes Sprichwort. Der Versuch, diesen Schaden in die rechten Worte zu kleiden, erhöht das Risiko zusätzlichen Spottes um ein Vielfaches.

Meine Haustür ist total zerschlagen, die Wohnungstür muss neu gemacht werden, meinem Jungen wurde das Fahrrad gestohlen, mein eigenes völlig demoliert. Meine gesamte Wohnungseinrichtung sieht total verrupft aus und die Kosten wachsen mir über den Kopf. Mein Opel Ascona ist auch total zerquetscht. Irgendwie muss ich besser geschützt werden. Die Polizei habe ich jedes Mal herbeigerufen, aber die tun für mich schon nichts mehr ...

Viel schlimmer als all dies wäre Personenschaden, aber zum Glück:

Die Dienstmagd rettete das nackte Leben im bloßen Hemd.

Bitte stellen Sie doch bei Ihrer Versicherten fest, ob und inwieweit die beschädigten Teile wieder instand gesetzt werden können.

✎ *Auf diese Weise haben wir wunderbar die Brücke zwischen Personen- und Sachschaden hergestellt!*

Ich bedauere, Sie darüber in Kenntnis setzen zu müssen, dass mein bombensicherer, mit Beton abgestützter Atombunker von Rowdies völlig zerstört worden ist.

Da es sich um ein sehr altes und klappriges Hoftor handelt, haben meine Nachbarn und ich beschlossen, dass das Tor gefickt wird und ich den Schaden selbst bezahle.

Während des bekannten Tanzes Holladihia-Hoppsassa sprang ich übermütig nach oben, wobei mich mein Tanzpartner kräftig unterstützte. Dabei kam mir die Kellerdecke schneller als erwartet entgegen.

Es war eine Geburtstagsfeier! Ich bin beim Tanzen gestolpert und mit dem A... auf den Tisch gefallen. Dabei ist die Marmorplatte zerbrochen!

Ich folgte zu besagter Zeit auf besagtem Stuhl einer Diavorführung. In ausgelassener Stimmung warf ich mich gegen die Lehne des Stuhls, worauf dieser an seiner Pflicht, meinen Oberkörper zu stoppen, zerbrach.

Ich knickte in meiner Wohnung mit dem linken Fuß um. Der Boden war eben, nicht glatt, deshalb auch nicht gestreut.

Wenn der Versicherungsmann zweimal klingelt ...

Mrs Rita Headfield lief auf heftiges Läuten zum Telefon, stolperte über ihren Hund, fiel über den Glasplatten-Kaffeetisch und erlitt erhebliche Schnittwunden an Armen und Beinen. Mühsam schleppte sie sich zum immer noch läutenden Telefon. Es war der Anruf einer Unfallversicherung, die feststellen wollte, ob Mrs Headfield unfallversichert sei. Sie war es nicht.

Ich wollte einen Nagel in die Wand schlagen. Dabei traf ich das Wasserrohr. Da es sich um ein Kupferrohr handelte, spürte ich keinen Widerstand. Nur Wasser!

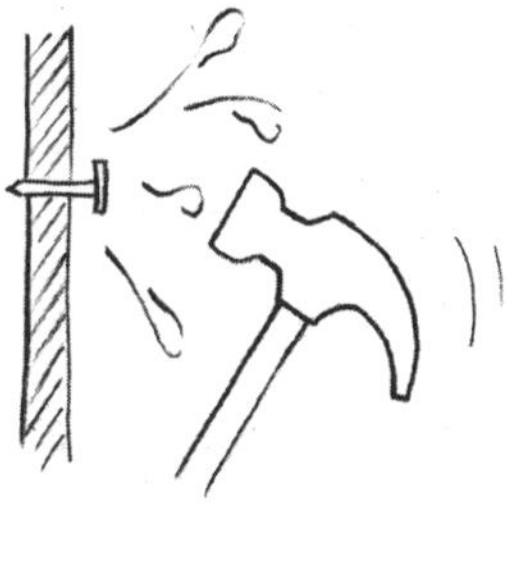

... das Glas ist kaputt, anbei schicke ich Ihnen einen Splitter von der Scheibe mit, wobei Sie sehen können, dass sie hin ist, denn sonst wäre sie ganz unbeschädigt.

Ich dachte, dass Fenster sei offen, es war jedoch geschlossen, wie sich herausstellte, als ich meinen Kopf hindurchsteckte.

In der Dunkelheit hatte ich das Loch nicht bemerkt. Eigentümer ist die Stadt Köln.

Ich bitte Sie, mir den Schadensersatz für die teure Liege termingerecht zu schicken, da ich nur an diesem Tage empfänglich bin!

Beim Holzfällen hat sich ein Stamm gedreht und ist statt nach unten nach oben gefallen.

Als ich den Rasenmäher des Nachbarn zerstörte, war ich total betrunken und bin für diese Tat nicht haftbar zu machen.

✎ *Da freut sich die Haftpflichtversicherung:*

Mir ist bei der Altweiberfastnacht ein kleines Malheur passiert. Ich habe einem Herrn eine ziemlich teure Krawatte abgeschnitten. Kann ich dafür meine Haftpflichtversicherung in Anspruch nehmen?

Ich möchte höflich Mitteilung machen, dass ich am Sonnabend beim Vergnügen mein bestes Kleid zerrissen habe ...

Dann fiel der Fernseher um und geradewegs auf meine Hand, in der ich jedoch schon den Hammer hielt. Die Bildröhre zerplatzte, und ich beinahe vor Wut auch.

Beim Kaffeetrinken stand mein sichtlich gewachsener Sohn auf, geriet mit dem Kopf an die Lampe, die dadurch ausgehangen wurde und auf den darunter stehenden Glastisch fiel.

✎ *Töchter sind auch nicht viel besser:*

Meine Tochter Katrin hat mit dem Wagen-Hochheber des Herrn L. ein anderes Kind hochgehoben und nach Angaben des Besitzers dabei so beschädigt, dass eine Reparatur die Kosten einer Neuanschaffung übersteigen.

Der Schaden wurde teilweise vom Dachdecker und teilweise von mir ausgeführt.

Als der Monteur mit dem Hammer zum Schlag ausholen wollte, stellte sich der Anspruchsteller hinter ihn, um genau zu sehen, wo der Schlag hinging. Da ging ihm der Schlag an den Kopf …

… als Ihr Versicherter dann da war, schenkte ich ihm als Gastgeber, wie sich das gehört, einen Cognac ein. Danach lud er sich immer selbst ein mit den Worten: »Kipp nur noch einen, das bist du mir wert!« Nach einer knappen Stunde trat die von mir erwartete Wirkung ein, indem er mehrfach die Zigarre zu Boden fallen ließ und anschließend hinterm Tisch zusammensackte, wobei ein sechsarmiger Kerzenständer umfiel. Damit aber noch nicht genug! Als er dann nach dem Telefon griff, fiel er abermals um, und zwar gegen ein Sideboard, auf dem ein Fernsehgerät, ein Tonband und ein Radio standen. Alles flog herunter. Im Fallen riss er noch die Gardine mit und lallte: »Die Versicherung zahlt alles …«

✎ *Eine halbe Mettwurst hatte ein Hausratsversicherer zu ersetzen. Den Schadenhergang schilderte der Polizeibericht so:*

Im Keller eines Mehrfamilienhauses in der Metternichstraße brach ein Täter einen Lattenverschlag auf und entwendete eine halbe Mettwurst. Die Wurst war an der Kellerdecke aufgehängt und von dem Täter mit einem scharfen Tatwerkzeug – nach kriminalistischer Erfahrung dürfte es sich um ein Messer gehandelt haben – durchgetrennt worden. Warum der Täter nicht die ganze Wurst entwendete, ist unklar. Anfängliche Überlegungen, Polizeihunde in die Fahndung nach der Diebesbeute einzuschalten, wurden wieder verworfen, da in umliegenden Haushalten doch mit größeren Wurstvorkommen gerechnet werden musste, die eine Zuordnung unmöglich gemacht hätten.

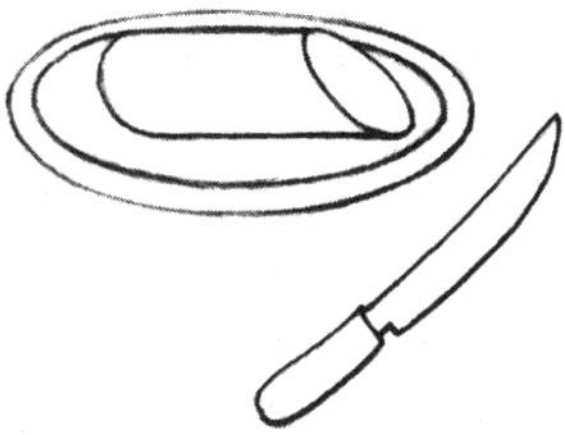

Ich wollte Fleisch holen bei der Notschlachtung eines Nachbarn.

Ich nahm das Frühstück auf dem Klo ein, dabei zerbrach der Klodeckel.

Längst ist bekannt, dass die meisten Unfälle in den eigenen vier Wänden passieren. Weniger bekannt ist, wie gefährlich das stille Örtchen ist ...

... mein Gehilfe hat auf dem Abortdeckel gearbeitet, dabei ist ihm etwas Schweres hinuntergefallen, was die

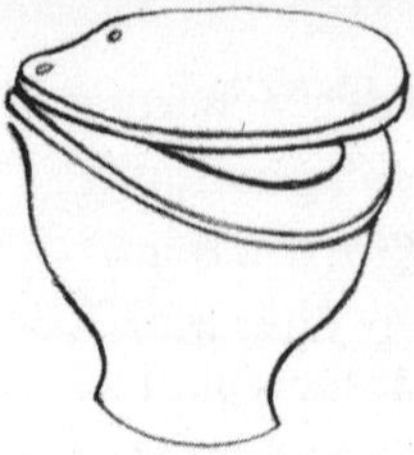

Schüssel zertrümmerte. Mein Anspruch liegt in dem Hinuntergefallenen, was nachweislich ein Hammer war.

Um Aufnahmen mit einem Tonbandgerät zu machen, befanden wir uns auf der Toilette. Es sollten Wassergeräusche aufgenommen werden. Das Mikrofon sollte dabei nahe an den Wasserkran. Um nicht die ganze Zeit zu stehen, setzte ich mich auf den Toilettendeckel. Dabei brach dieser in mehrere Stücke und ich flog hinein ...

Mein Mann kam aus der Toilette und fiel in der Diele über seine rutschende Hose.

Und so habe ich die Nacht im Abort verbracht in meinem Rausch, welcher sich außerhalb meiner Wohnung angebaut befindet.

Der Unfall der Frau K. ist bei Benutzung des Klosetts in ihrer Wohnung entstanden, indem sie beim Aufstehen vom Klosett durch den angefaulten Fußbodenbelag, zwischen den Geschossbalken, in das darunterliegende Badezimmer in die Badewanne fiel ...

Der Hotelzimmerschlüssel meines Seminarkollegen, der sich gerade in meinem Hotelzimmer aufhielt und vorher meine Toilette aufsuchte, lag auf meinem Handtuch auf dem Wasserkasten der Toilettenspülung. Als ich zu einem späteren Zeitpunkt die Toilette aufsuchte, nahm ich diesen Schlüssel nicht wahr. Beim Herunternehmen des Handtuchs fiel der Schlüssel in die Toilettenschüssel. Da zu diesem Zeitpunkt der Spülvorgang noch nicht beendet war, verschwand der Schlüssel in der Schüssel auf Nimmerwiedersehen. Ich bitte mir den Betrag von 20 €, den ich dafür erbringen musste zu ersetzen. Anbei die Originalrechnung.

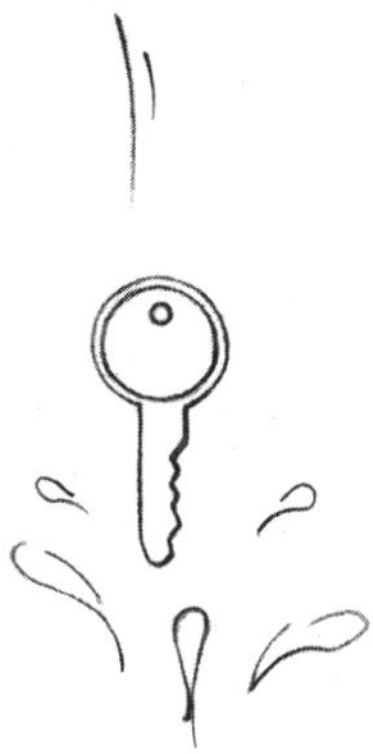

Beim Putzen von die Klofenster ist meine Frau von Schüssel abgerutscht und gegen offene Fenster fallen. Beide Fenster sind kaputt sind. Eine Scheibe normale Glas, anderes Scheibeglas, damit Nicht man kann sehen Popo. Bitte Rechnung an Glasmeister bald bezahlen da nur kleines Rente.
Vieles Dank

Ich habe meine Brille mit dem Klopapier verwechselt und dieselbe hinuntergespült.

✎ *Das erinnert uns an einen alten Kalauer: Mein Vater macht Brillen. Er ist Schreiner.*

Nach dem Unwetter sieht es furchtbar bei mir aus. Ich bin 100%ig verhagelt!

Auch in unserer hochmodernen Zeit sind wir dem Unbill der Natur immer noch ziemlich ungeschützt ausgesetzt. Wenn es hagelt und blitzt oder Wasser in der Wohnung wütet, kann eine ganze Menge passieren. Auch die Folgen des Klimawandels kommen zur Sprache:

Mein Auto wurde durch taubengroße Hagelkörner völlig zerdellt.

Beulenpest

Beim großen Münchner Hagelunwetter 1984 fuhr ein angeblich Geschädigter in den Hof einer großen Versicherung, um den Schaden ermitteln zu lassen. Sein Wagen war mit viereckigen Beulen übersät – allerdings mit Vertiefungen nach außen. Offensichtlich hatte er in die falsche Richtung gehämmert.

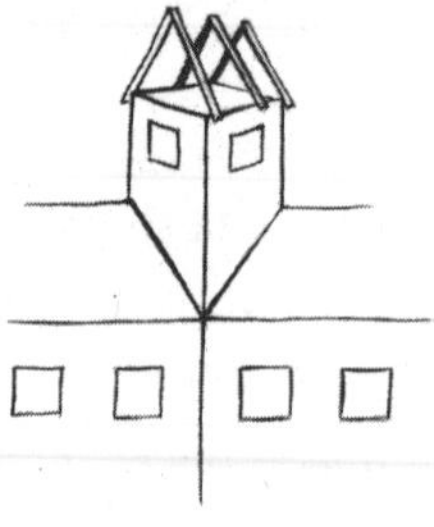

Durch das Unwetter wurde der kleine Turm auf meinem Landhaus seiner Dachhaut entkleidet. Dies war der erste Dachschaden, den ich hatte ...

✎ *Apropos:*

Mein Dachschaden wurde wie vorgesehen am Freitagmorgen behoben.

Der Blitz schlug in die Scheune ein. So eingeschlagen hatte es bisher nur ein einziges Mal in unserem Leben: als wir uns verliebten.

Meine Frau hat den Wasserhahn so lange laufen lassen, bis er schließlich dem Untermieter infolge der Feuchtigkeit der Decke auf den Kopf fiel.

Ich kann doch nicht die ganze Nacht für meine Spülmaschine den Babysitter spielen, um einen Wasserschaden zu vermeiden.

Unsere gesamte Familie leidet unter Lochfraßschäden, verursacht durch aggressives Wasser in dieser Region.

Durch das Auslaufen der über uns wohnenden Hausbewohner ist bei uns ein schwerer Wasserschaden entstanden.

Aufgrund des Telefongesprächs fing die Wurst- und Butterdose Feuer!

Besonders ärgerlich ist es, sobald Feuer mit ins Spiel kommt. Da wird die Verzweiflung zwischen den Zeilen deutlich.

In der Küche hat alles gebrannt. Selbst der frische Lachs war plötzlich geräuchert.

Der Brandschaden ist vermutlich durch achtloses Wegwerfen eines Passanten entstanden.

... brannte lichterloh. Mit starkem Strahl gaben die Feuerwehrleute ihr Wasser ab und löschten sofort ...

Der Gutsbesitzer konnte nicht löschen, da er kein Wasser hatte und nicht zu Haus war.

Inwieweit gilt für mich die Haftpflichtversicherung – nur für Brandunfälle oder auch bis zur Straßenmitte?

Hähnchen-Flambé

Ein 19-jähriger Student wollte in einer alten Friteuse Hähnchenteile zubereiten. Er stellte das Gerät auf den Herd, schaltete es ein und ging ins Wohnzimmer. Wenig später explodierte die Friteuse, die Küche brannte, die Wohnung war verwüstet. Schaden: 42.000 €. Die Versicherung meinte, der Student habe den Brand fahrlässig verursacht. Sein Gegenargument: Er sei im Umgang mit einer Friteuse nicht so erfahren wie zum Beispiel eine Hausfrau. Deshalb treffe ihn kein Verschulden. Der Richter gab dem Studenten Recht.

Die Löscharbeiten leitete der Gemeindeschreiber, weil es beim Feuerwehrkommandanten selbst im obersten Stübchen brannte ...

Bei dem Brand wurde eine Kommode gerettet sowie eine Kuh, die gestohlen wurde.

In der Nacht vom 6. auf den 7. Dezember ist an meinem Wohngebäude ein verhältnismäßig geringer Brandschaden entstanden, den ich dem schnellen Eingriff unserer Feuerwehr zu verdanken habe.

Das Anwesen des Maurers Julius M. brannte total nieder. Bei diesem Brandfalle hatte sich die neue Wasserleitung vortrefflich bewährt.

Das Feuer wurde offensichtlich durch ein Kind verursacht. Es steht jedoch noch nicht fest, ob dasselbe aus Vergnügen, Absicht oder Spielerei entstanden ist.

Haben Sie vielen Dank für die mir geleistete Hilfe bei der Brandstiftung meiner Scheune.

✎ *Freud lässt grüßen!*

Unser 18jähriger Sohn träumte, er habe seine Uhr verloren. Im Schlaf entzündete er mehrere Streichhölzer und suchte nach der Uhr unter der Bettcouch. So ist die Bettcouch in Brand geraten.

Der Brand des Hauses in der Lysanderstraße entstand dadurch, dass das fragliche Gebäude einen Wert von 70.000 € hatte, aber mit 140.000 € versichert war.

✎ *Das hier geht ein bisschen zu weit, finden wir:*

Mir san beide katholisch, aber mir meng den Pfarrer net. Drum ham mir in der Jacobskirch den Beichtstuhl ozünd!

Alle Jahre wieder ...

Aus einem Versicherungsfragebogen

An welchem Tage und zu welcher Stunde ist das Feuer ausgebrochen?
– Heiligabend 2007
In welchen Raum ist der Brand entstanden?
– Wohnzimmer
Welche Ausdehnung hat das Feuer genommen, und welche Umstände haben zur Verbreitung des Feuers beigetragen?
– Christbaum
Welche Maßnahmen wurden zur Bekämpfung des Feuers getroffen?
– Wasser
Durch wen wurde der Brand entdeckt?
– Nero (Hund)
Welche bekannte oder mutmaßliche Ursache hatte der Brand?
– Kerze
Ist die Entstehung des Brandes auf das Verschulden eines Dritten zurückzuführen? Wenn ja, Name und Anschrift des Betreffenden.

– Ich selbst
Wann ist der Polizei Anzeige erstattet worden?
Um welche Dienststelle handelt es sich?
– Nein
Haben Sie bereits früher Brandschäden erlitten?
– Heiligabend 2006

Der Betroffene hat versucht, mit einer Lötlampe im Keller eine alte Couch zu zerlegen. Dies ist ihm laut beiliegendem Bericht auch gelungen. Leider verursachte er dabei einen kleinen Brand, wodurch ca. 15.000 € Schaden entstand.

Nach den polizeilichen Ermittlungen kam es in einem Séparée des Lokals infolge Außerachtlassung der im Verkehr erforderlichen Sorgfalt zu einem Brand.

... dann brannte plötzlich der Weihnachtsbaum. Die Flammen griffen auf den Vorhang über. Mein Mann konnte aber nicht löschen, weil er wie ein Verrückter die Hausrats-Police suchte!

✎ *Manchmal heißt eben es, Prioritäten zu setzen!*

Ein knisterndes Erlebnis

Auf die Frage im Schadenformular »Auf welche Weise ist der Brand entstanden?« antwortete ein Versicherter: »Während der Vorbereitung eines Beischlafs geriet wie von Zauberhand die Bettdecke in die ca. 1 $^{1}/_{2}$ m neben dem Bett stehende Kerze.« Und auf die folgende Frage »Welche Maßnahmen wurden zur Minderung des Schadens unternommen?« schrieb der Mann ebenso lapidar wie glaubhaft: »Die Vorbereitungen zum Beischlaf wurden sofort unterbrochen.«

✎ *Weil es grade so schön passt, haben wie noch dieses hier. Hier handelt es sich allerdings lediglich um das Feuer der Leidenschaft:*

Beim Lieben/Schmusen – wie man auch immer dazu sagt – hatte meine Freundin ihre Brille aufbehalten ... Nach dem GV war jedenfalls das Gestell der Brille verbogen, ein Bügel abgebrochen und ein Glas entzwei. Ich bitte, den Schaden zu ersetzen.

Ich Kamel bin so ehrlich und schreibe Ihnen, dass ich einen niedrigen Blutdruck habe …

Geben wir es zu: Die Versuchung, eine eher anonyme Versicherungsgesellschaft übers Ohr zu hauen, ist groß. Und wer kann schon von sich weisen, zumindest einmal mit dem Gedanken gespielt zu haben? Dass Versicherungsbetrug kein Kavaliersdelikt ist, müssen wir an dieser Stelle wohl nicht extra betonen. Ein paar skurrile Versuche folgen jetzt:

Ich könnte natürlich eine fingierte Rechnung ausstellen lassen, um sie Ihnen vorzulegen, aber als Polizeibeamter habe ich ehrlich, wahrhaftig, gerecht, unbestechlich und vor allem menschlich zu sein.

Ich habe gestern auf der Heimfahrt einen Zaun in etwa 20 Meter Länge umgefahren. Ich möchte Ihnen den Schaden vorsorglich melden, aber bezahlen brauchen Sie nichts, denn ich bin unerkannt entkommen.

Aua!

Ein hoch verschuldeter Lebensmittelhändler aus Seoul ließ sich von einem Komplizen gegen 70.000 € beide Füße abhacken, um rund 2,8 Millionen Euro aus diversen Unfallversicherungen zu kassieren.

Der Autounfall wurde vorsätzlich herbeigeführt. Den Unfallvorgang möchte ich nicht näher schildern, sondern verweise auf die sicher auch Ihnen bekannte Praxis.

Die Ermittlung wegen Versicherungsbetrugs ist noch nicht abgeschlossen. Der Versicherte starb mittlerweile eines natürlichen Todes. Solche Pannen dürfen nicht passieren.

Daumen drücken!

Wegen eines Verkehrsunfalls erhielt ein Inder von einer Versicherungsgesellschaft monatlich bis ans Lebensende eine Rentenzahlung. Das Geld ging per Scheck ein. Da der Mann nicht schreiben konnte, musste er den Empfang des Schecks mit seinem Daumenabdruck bestätigen. Als der Mann schließlich starb, fiel es der Familie schwer, auf die regelmäßige Geldeinnahme zu verzichten. Bevor die Leiche bestattet wurde, schnitt man ihr den Daumen ab und legte ihn in eine Formaldehydlösung. Dort blieb er erhalten und konnte für mehr als zwei Jahre zur Quittierung des Scheckeingangs verwendet werden.

✎ *Doch es gibt, Gott sei Dank, auch ehrliche Menschen:*

Sie erhielten von der Firma B. eine Rechnung für eine Unfallinstandsetzung. Bei dieser Rechnung wurde mir die Motorhaube 300 € zu hoch berechnet. Dies war ein falsches Handeln von mir. Gott hat mir durch seinen Geist gezeigt, dass eine zu hohe Rechnung an eine Versicherung Diebstahl ist und bereinigt werden muss. Denn seine Gebote haben auch heute noch Gültigkeit. Ich sende Ihnen deshalb das Geld mit Zinsen zurück durch beigefügten Scheck.

Seit dem 2. 7. habe ich eine Haftpflichtversicherung für einen Audi bei Ihnen abgeschlossen. Obwohl ich vorher noch kein Auto gefahren habe, habe ich die Versicherung mit 65 % statt mit 175 % abgeschlossen. Ich möchte Sie wegen des Betruges um Vergebung bitten und bin für eine Wiedergutmachung bereit. Mein ehrliches Zeugnis beruht darauf, dass ich vor einem Jahr Christ geworden bin und mein Leben völlig in die Hände unseres Retters Jesus Christus gegeben habe.

JESUS ist in unser Leben getreten. Anbei geben wir die zu Unrecht erhaltenen 500 € befreit zurück. IHM sei Ruhm, Preis und Ehre in Ewigkeit! Mit freundlichen Grüßen, eine »erlöste« Familie.

Im vergangenen Jahr hatte ich bei Ihnen mein Motorrad versichert. Das Fahrzeug war nach Kfz-Brief mit 27 PS eingestuft. In Wirklichkeit aber leistete das Fahrzeug 32 PS, da es erdrosselt war. Da ich ein Christ geworden bin, möchte ich Ihnen den Versicherungsbetrug bekennen und möchte Sie bitten, wenn Sie daraus irgendwelche Forderungen ableiten können, das zu tun.

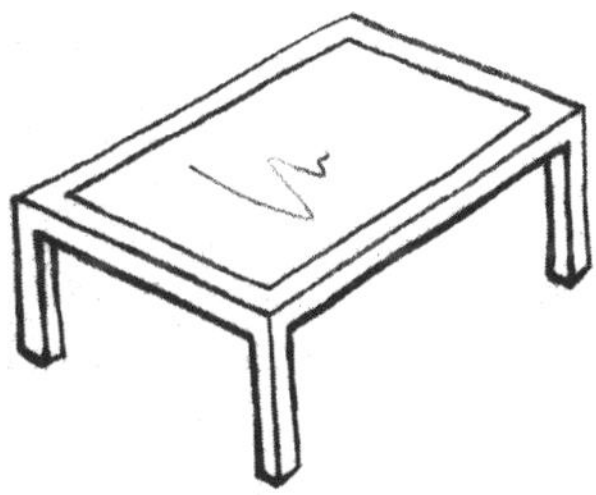

Da ich Christ geworden bin und mein Leben mit Gott in Ordnung bringen möchte, sende ich Ihnen anbei 50 €. Vor vielen Jahren haben Sie uns die Tischplatte unseres Couchtisches ersetzt, und wir haben eine dickere und deswegen teurere Glasplatte dafür genommen als die ursprüngliche war. Das war nicht korrekt und ich möchte es hiermit wieder gutmachen.

Ich kann nicht schlafen, weil ich Ihre Versicherung betrogen habe. Darum schicke ich anonym 250 €. Wenn ich dann immer noch nicht schlafen kann, schicke ich Ihnen den Rest.

Versenkt!

Geschäftsleute aus der schwedischen Stadt Kolmaarden vermuteten in einem kleinen See einen Marmoruntergrund. Um das wertvolle Gestein gewinnbringend zu verwerten, pumpten sie den See leer. Zu ihrer Enttäuschung fanden sie keinen Marmor, dafür aber elf Autowracks. Alle Fahrzeuge waren noch mit Kennzeichen versehen, teilweise befanden sich sogar noch Schlüssel im Zündschloss. Recherchen ergaben, dass sämtliche Autos bei Polizei und Versicherungen als gestohlen gemeldet waren. Lakonischer Kommentar der Polizei: »Elfmal Versicherungsbetrug!«

Der Einbrecher brach mein Kellerabteil auf und verging sich an den Weinflaschen ...

Manchmal sind es nicht Naturgewalten, sondern Menschen in Gestalt von Bösewichtern, die redlichen Bewohnern ziemlichen Stress bereiten.

Mit großer Wahrscheinlichkeit war es Einbruchsdiebstahl. Alles war durcheinander, Fernseher, Plattenspieler und Radio fehlten. Das Fenster war eingeschlagen.

Der Einbrecher stieg mit dem Fahrrad durchs offene Toilettenfenster und entwendete wertvolle Perser ...

Aus der Wohnung wurde auch eine Stereoanlage sowie ein Videobeamter gestohlen.

Ein oder mehrere böse Buben oder Emanzen nutzten die Dunkelheit der Nacht aus, um in verwerflicher Weise das Wohnmobil aufzubrechen und zu dieben.

Aus dem Wohnzimmerschrank wurden Schmuck und Bargeld von ca. 6000 € gestohlen. Der Schaden beträgt etwa 3000 €.

Ein Trickdieb muss mir die Wertsachen aus der Tasche gestohlen haben.

Dann nahm ich mein Herz in beide Beine und verfolgte den Einbrecher ...

✎ *Einbrecher aufgepasst!*

Bis jetzt hatte ich für die Nachtzeit in meinem Lager einen Wachhund. Diesen musste ich wegen Krankheit töten lassen. Bemerken möchte ich noch, dass unter dem Lager meine Hausangestellte (41 Jahre) schläft. Sie ist unter Umständen noch besser als ein Wachhund.

Was zu beweisen war:

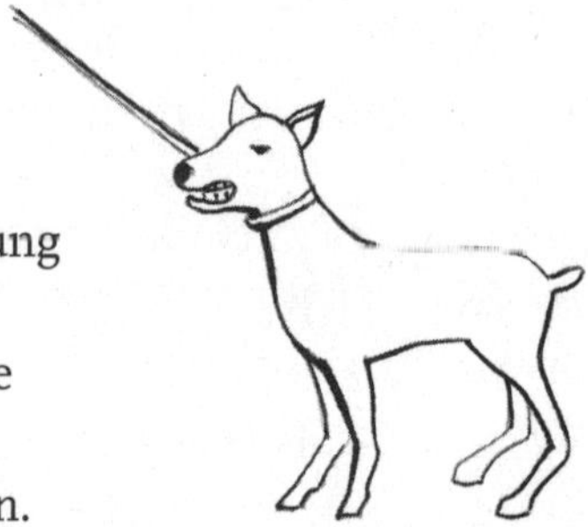

Zu unserer Einbruchmeldung der letzten Woche wollen wir noch ergänzen, dass die Einbrecher noch unseren Wachhund gestohlen hatten.

Mit freundlichen Grüßen

In South Zaneville/USA knackten Einbrecher den Tresor eines großen Warenhauses, 500 Dollar und eine große Menge Wertpapiere waren ihre Beute. Aus den Unterlagen suchten sie die Police der Versicherung gegen Diebstahl heraus und legten sie »mit freundlichen Grüßen« auf den Tisch des Direktors.

Als ich die Wohnung von Einbrechern durchwühlt vorfand, habe ich die Polizei deswegen erst nach 2 Stunden verständigt, da ich zuerst glaubte, mein Mann hätte wieder einmal seine Manschettenknöpfe gesucht.

Der Täter entwendete im Schlachthof größere Mengen Stierhoden, mit der Absicht, diese für sich zu nutzen.

✎ *Und zu welchem Zweck?*

✎ *Und nun zum traurigen Höhepunkt dieses Kapitels:*

Habe per 1. Dez. 2005 ein Zimmer mit Toilette, Mini-Waschbecken, kein Warmwasser gemietet. Heizung fiel des Öfteren aus. Musste in dem Zimmer kochen und schlafen, aber die Wohnungsnot ist groß. Musste teilweise 2 Heizplatten anstellen, wenn es kalt war, aber das alles war noch zu ertragen, mit viel Pflege und Sauberkeit.
Als dann aber einen Meter vor meinem Zimmer eine Leiche stand, unverschlossen und ungekühlt 8 Tage lang, packte mich doch der Ekel, zumal angeblich eine Genehmigung vorlag, es roch noch nach Tagen. Meine Frage: Müssen Tote in Friedhöfen oder unter Kühlung lt. Bestattergesetz gestellt werden? Oder darf es sein, vor einer Wohnung Tote nicht verschlossen aufzubewahren, 8 Tage lang? Kann ich Schmerzensgeld verlangen? Von wem?

Jeder Mensch will sich
selbst verwirklichen,
das heißt, er will seine
Invalidität entwickeln

oder:

Bleiben Sie gesund!

Keine Frage: Das Leben ist lebensgefährlich und endet auf alle Fälle tödlich. Und deswegen entwickeln wir Menschen im Laufe unseres Lebens eben auch unsere, hm ja, Invalidität. Doch so lange wir uns auf diesem Planeten aufhalten, so lange wünschen wir, dass es uns gutgeht. Und für die möglichen Krankheits- und sonstigen Unglücksfälle wollen wir natürlich bestens versichert sein. Was durchaus auch zu Komplikationen führen kann.

Kann ich als Mormone mit einer Beitragsermäßigung rechnen, da ich viel gesünder lebe als andere?

Ich will meinen Georg nicht impfen lassen. Meine Freundin Lotte hat ihr Kind auch impfen lassen, dann fiel es kurz danach zum Fenster raus.

Ein Mensch ohne Krankenschutz ist lebensgefährlich, und muss durch einen freiwilligen Beitritt in einer Krankenkasse beseitigt werden.

Zur Wiederherstellung meiner Krankheit musste ich eine Kur antreten.

Oft leidet Paul an Geisteskrankheit. Von Zeit zu Zeit hängt er sich auf. Wenn längere Zeit niemand kommt, dann schneidet er sich wieder ab.

Wenn ich oft krank werde, geht Sie das gar nichts an – Sie haben bloß zu zahlen, sonst verzichte ich in Zukunft ganz auf das Kranksein.

Leider leidet mein Mann unter Atellerieverkalkung.

Die richtige Diagnose zu finden ist eine Kunst für sich. Das Gleiche gilt für die richtige Verwendung medizinischer Fachausdrücke.

Was mich am schwersten belastet, sind die Schmerzen durch die Gehörnerschütterung.

Aus den Unterlagen ist ersichtlich, dass mein Mandant eine Bronchitis und eine Milchstauballergie hat.

Meine chronische Bronchitis ist zu einem Dauerzustand geworden.

Ich bin ferner mit meinen Nerven am Ende und habe mit einer schweren Gastritis zu tun.

Außerdem leide ich schon lange nicht mehr an der Gicht, weil ich danach lebe und meine Tabletten regelmäßig einnehme für den Costerinspiegel.

Seit meinem letzten Ferienaufenthalt in Rom leide ich an nerozirkulatorischen Beschwerden

Seit der Schildkrötenoperation im April habe ich keine Beschwerden mehr.

Die Patientin soll destilliert werden.

Die Patientin leidet unter ständigen Kopfschmerzen, Rücken- und Beckenschmerzen sowie einer schwer eingeschränkten Beweglichkeit der unteren Exkremente.

Ich leide an gehäuftem Erbrechen mit Blutdruckabfall.

Die Verletzungen von Herrn K. sind eingebildet. Es ist in der Nachbarschaft bekannt, dass er ein Hüpokonder ist!

Zwischenzeitlich wurde der Gehgips am rechten Arm entfernt.

Nicht selten lernen die Sachbearbeiter der Assekuranzen während ihrer täglichen Arbeit eine ganze Menge über die menschliche Anatomie:

Beim Zusammenprall zog ich mir leichte Schulterverletzungen am linken Bein zu.

Das Wohnmobil fuhr über den Gehsteig. Dabei rollte das rechte Vorderrad über den Fuß unseres Clubmitglieds Peter F., der sich dabei eine Handverletzung zuzog.

Ich habe das Reißen! Ich kann meine Arme kaum über den Kopf bringen, und mit den Beinen ist es genau so.

Wir müssen unsere Beine durch tägliches Training stärken, denn sie sind der einzige Körperteil, mit dem wir gehen können.

Die Massage hat meinem Handgelenk wieder auf die Beine geholfen.

Ich leide schon bei geringer Kälte an abgestorbenen Fingern und Frost an den Händen.

Die Brille muss ich für meine schwachen Nerven haben. Sie ist der einzige Körperteil, mit dem ich sehen kann.

Ich bin Zoologe und glaube deshalb, den Zustand seiner Frau sachverständig beurteilen zu können ...

Wieso darf ich nicht Fußball spielen – arbeitsunfähig bin ich nur wegen meiner Magenerkrankung.

Nach Operation an meiner rechten Büste haben Sie mich mit der Büste aus Ihrem Vertrag herausgenommen. Da ich Sie aber bis heute weder an der Büste noch sonst in Anspruch genommen habe, geht meine Frage dahin, wann werden Sie mich mit der Büste in Ihrer Versicherung aufnehmen?

Man sollte den kranken Blinddarm nicht auf die leichte Schulter nehmen, sonst schneit der Tod wie ein Blitzstrahl herein.

... dass ich Sie bitte, auch diese Pillen anzuerkennen; seit ihrem Gebrauch haben sich die Schlaflosigkeit und Appetitlosigkeit, welche früher fehlten, wieder eingestellt.

Bei mir wurde im Vorjahr eine außerirdische Magen- und Leberuntersuchung gemacht!

Der entfernte Tumor aus dem Unterbauch ist nussbaumgroß.

Nachdem mir die kranke Niere endgültig entfernt wurde, bitte ich Sie um Streichung des Risikozuschlags, den ich bisher hierfür zahlen musste, sowie um Einräumung eines Rabattes.

Die Verstopfung wurde von Herrn Urinale behoben.

Gewisse menschliche, nun ja, Bedürfnisse sind spätestens seit den »Feuchtgebieten« nicht mehr ganz so tabu, wie sie es lange Zeit waren. Deswegen wagen es auch wir, dieses heikle Thema anzusprechen.

Ich hatte eine solche Logarrhoe, dass ich den ganzen Tag nicht vom Klo gekommen bin.

Durch den plötzlichen Zusammenstoß der Fahrzeuge erhielt ich einen derartigen Schrecken, dass sich der Inhalt meines Darms ruckartig in meine Hose entlud. Ich bitte um Übernahme der Reinigungskosten.

Ich war zwei Tage im Tschad (Westafrika) im Krankenhaus wegen Darmbeschwerden. Vielleicht war die Katze, die ich dort gegessen hatte, schlecht.

Ihr Schreiben zwecks der Darmbadkur ist bei mir heute in Einlauf gekommen.

Was die Kur angeht, so bestätige ich Ihnen, dass ich noch nie gebadet habe.

Huch, eine Frau!

Ein Stadionbesucher in Ohio ging während der Pause auf die Herrentoilette und sah dort eine Frau am Urinal stehen. Dies hätte ihn so geschockt, dass er die Toilette nicht mehr benutzen konnte. Er forderte eine Million Dollar Schmerzensgeld.

Ich kann auch heute noch Wasser lassen ohne Schmerzen, das kann ich zu jeder Zeit beweisen.

In meiner Selbsthilfegruppe hatte ich zwei Frauen mit einer Reizblase. Die eine ließ sich scheiden, bei der anderen starb der Mann. Danach ging es beiden besser.

Da ich mein Schlafzimmer in meinem Haus von oben nach unten verlegte, ging das Bett kaputt. Der Grund ist ein Blasenleiden und das WC ist unten.

Mein Mann hat beim Ruinieren keine Schmerzen mehr.

Aus Ihren Bedingungen geht nicht klar hervor, ob die Beseitigung von Verstopfungen ersatzpflichtig ist oder nicht.

Darf ich Sie daran erinnern, dass Sie mir die Blutübertragung und Blut + Stuhl noch nicht zurückgeschickt haben.

Ich beantrage Rente wegen Berufsunfähigkeit. Als Callboy habe ich meine Aura verloren.

✎ *Kommen wir wieder zu »seriöseren« Krankheiten!*

Frau P. erlitt eine Gehirnerschütterung, sie kam in laut gestikulierender Weise und bewusstlos ins Krankenhaus.

Ich bin beinamputiert und möchte eine private Krankenversicherung abschließen. Bekomme ich einen Rabatt, weil mein Fußpilzrisiko nur noch 50 % beträgt?

Sind im Rahmen Ihrer Kranken-Versicherung Vampirbisse beitragsfrei mit eingeschlossen oder muss hier ein Gefahrenzuschlag für besonders gefährdete Personen vereinbart werden? Wahrscheinlich gibt es einen generellen Ausschluss, aber trotzdem bitte ich Sie darum, sich in dieser wichtigen Sache mit mir in Verbindung zu setzen …

✎ *In diesen beiden Fällen wäre es durchaus interessant zu erfahren, was im Kleingedruckten der Versicherungsbedingungen steht.*

Meine Schmerzen und meine Unruhe – das ist die Reaktion meines negativen Nervensystems.

Nur nachts, wenn ich schlafe, habe ich Schmerzen, werde aber davon nicht wach!

Das Holz ist ausgeglitscht und somit hat die Axt meinen ersten Zeigefinger erwischt.

Ein Unfall ist immer etwas sehr Unangenehmes. Einen schriftlichen Bericht für die Versicherung darüber zu verfassen in den meisten Fällen auch. Man beachte, wo und wie man überall verunglücken kann!

Ich finde es anmaßend von Ihnen, dass ich den Unfallbericht ausfüllen soll, wo Sie doch genau wissen, dass ich das wegen meinem kaputten Daumen nicht kann.

Der Unfall hatte einen klassischen Verlauf: Zuerst fiel der Blitzableiter herunter und dann der Handwerker.

Beim Versuch eine Eisenstange zu begradigen schlug diese zurück!

Wir mussten einen Eisenrahmen umhängen, ich sagte zu meinem Kollegen wir machen oben fest er sagte nein wir machen unten fest ich halte den Rahmen fest. Ich wollte gerade die Kette umlegen da rutscht der Rahmen weg und schlägt mir über den Fuß.

Beim Warentransport mit dem Lift zog ich die Lifttüre zu, bevor die große Zehe ganz im Lift war.

Es war kein Unfall. Nach dem Genuss einer Flasche Bier bemerkte ich im Flaschenrest eine verweste Maus.

Er muss immer noch täglich Nackenübungen absolvieren und konnte erst vor kurzem den Halskragen ablegen. Derzeit – acht Wochen nach dem Unfall – beklagt er sich immer noch über nächtliche Versteifungen und Schmerzen.

Der Unfall ereignete sich beim Geschlechtsverkehr. Nachdem ich umgefallen bin, war ich 15 Minuten bewusstlos. Danach kam ich mit Blaulicht ins Marienkrankenhaus.

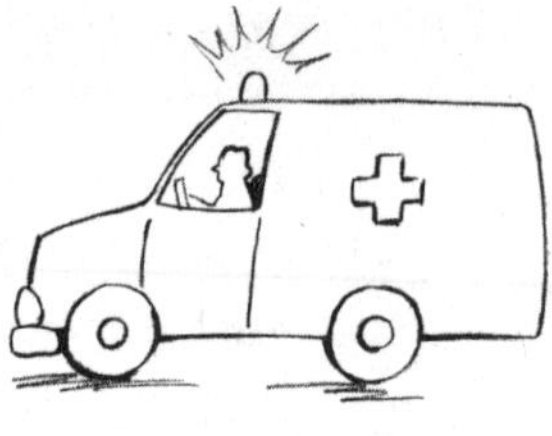

Ich las die Zeitung. In der rechten Hand hielt ich einen gespitzten Bleistift. Da rutschte ich mit dem Ellbogen vom Tisch und stieß mir dabei die Bleistiftspitze durchs rechte Nasenloch.

Plaudertasche

Ein britisches Gericht hat der 23-jährigen Biologielehrerin Trudie M. einen Schadenersatz in Höhe von 2815 € zuerkannt, weil sie durch Unfallfolgen »geschwätzig« wurde. Vorher sei sie stets zu scheu gewesen, etwas zu sagen. Nun aber mische sie sich ständig im Gespräch ein, wie ihr Mann Robert erklärt: »Sie ist nur ruhig, wenn sie isst.«

Ich wollte Fenster putzen. Damit ich von außen an das Fenster herankommen konnte, legte ich ein Bügelbrett auf die Fensterbank. Mein Mann, der schwerer ist als ich, setzte sich innen auf das Brett, und ich putzte auf dem Brett stehend außen. Plötzlich klingelte es an der Haustür. Als mein Mann unten öffnete, fand er mich vor dem Eingang liegend. Wir wissen bis heute nicht, wer geklingelt hat.

✎ *Wir bitten den anonymen Klingelputzer, sich umgehend zu melden. Denn so geht's ja nicht!*

Ich war im Bad und unbekleidet und reparierte bei eingeschalteter Stromzufuhr den Staubsauger auf meinem Schoß. Als ich mich bückte, um das abmontierte Saugrohr wieder in das Gerät zu stecken, muss ich mit dem Unterarm den Einschalter betätigt haben. Durch den plötzlichen starken Luftstrom zog es meinen Penis in den Ansaugstutzen des Gerätes, der durch die metallene Luftschraube des Staubsaugers erheblich verletzt wurde.

Ohne ersichtlichen Grund bin ich mit meinem Kopf auf unserer Treppe aufgeschlagen.

Beim Traum habe ich wütend gegen die Bettkante getreten und meinen großen Zeh gebrochen.

Gestern, so um 4 Uhr nachmittags am Würstelstand, rutschte ich auf einer Pommes Frites mit Mayonnaise aus. Als ich abends nach Hause kam, rutschte ich auf der frisch gebohnerten Treppe aus. Jetzt bin ich bettlägerig ...

✎ *Hier ein Beweis für die Gefährlichkeit unserer Finanzämter:*

Im Finanzamt nahm ich auf dem Stuhl Platz. Dann stand ich auf und trat an den Schreibtisch des Beamten. Beim Zurückgehen setzte ich mich aber nicht auf meinen Stuhl, sondern plumpste glatt daneben.

Eiskalt abgezockt

Ein Bodybuilder aus Oklahoma verlor eine verrückte Wette: Bei einem Wettlauf mit einem Kühlschrank auf dem Rücken löste sich eine Schnalle, der Kühlschrank fiel herunter und verletzte den Mann. Daraufhin verklagte der Sportler den Hersteller und gewann: Über die Produkthaftpflichtversicherung erhielt er 1.000.000 €.

Während des Fluges war ich meiner Sitznachbarin beim Kopfhöreranschließen behilflich, wobei ich mir dabei drei Rippen brach.

In der Sauna rutschte Helmut R. auf den nassen Fliesen aus und verschwand kommentarlos unter der Bank.

✎ *An dieser Stelle wollen wir Ihnen den vermutlich skurrilsten, aber mit Sicherheit ausführlichsten Versicherungsfall dieses Buches nicht vorenthalten. Zum besseren Verständnis: Der Geschädigte war im Begriff, ein Hühnerhaus zu bauen.*

Ich wollte die im Speicher gelagerten Steine verwenden. Der Speicher hatte an der Hauswand eine Tür, woraus ich einen Balken verankerte und daran ein Bälkchen mit einer Rolle, wodurch ich ein Seil laufen ließ. An dem Seil hatte ich eine Holzkiste befestigt, die ich dann hinaufzog. Unten war das Seil an einem Pflock festgebunden. Dann bin ich hinaufgegangen und habe die Steine in die Kiste geladen. Dann bin ich wieder hinuntergegangen und wollte die Steine in der Kiste an dem Seil langsam herunterlassen. Ich band das Seil los, hatte aber nicht daran gedacht, dass die Steine in der Kiste schwerer waren als meine Person. Ich hielt das Seil ganz fest, damit die Steine nicht hinunterstürzten, aber die zogen mich an dem Seil nach oben, wobei mir die Kiste die linke Schulter aufgerissen hat, als wir uns in der Mitte begegneten.

Oben bin ich dann mit dem Kopf an den Balken geknallt. Trotzdem hatte ich aber das Seil festgehalten, damit ich nicht herunterfalle. In demselben Augenblick ist aber die Kiste mit den Steinen unten am Boden angelangt und brach durch den heftigen Aufprall auseinander. So konnte es geschehen, dass die Kiste wieder leichter wurde als ich. Die Folge davon war, dass ich, nun der schwerere Teil, wieder nach unten sauste und die Umrandung der Kiste nach oben, wobei wir uns wieder in der Mitte begegneten. Dabei schrammte mir der Kistenrest die andere Schulter. Als die Kiste oben war, fiel ich unten so unglücklich auf den Boden, dass ich mir ein Bein brach und sofort in Ohnmacht fiel. Nur dadurch konnte es geschehen, dass ich das Seil losließ, was wiederum bewirkte, dass die Kiste, allerdings ohne Boden, wie eine Birne von oben auf mich herabfiel und mich so unglücklich traf, dass ich demnächst oben und unten ein neues Gebiss angepasst bekomme.

✎ *Noch Fragen?*

Ich hatte mit meinem Freund innigen Kontakt – da verlor ich wohl meine Kontaktlinsen.

✎ *Das hier ist noch besser:*

Am 24. Mai duschte sich meine Freundin bei mir. Hierbei spritzte ihr etwas Wasser in die Augen und sie war gezwungen, die Kontaktlinse herauszunehmen. Sie rief nach mir und bat mich, die Kontaktlinse abzunehmen. Da ich schmutzige Hände hatte und bei ihr schon oft gesehen hatte, dass sie diese in den Mund nahm, tat ich kurzerhand dasselbe. Aber ich zog wohl zu viel Luft ein, denn die Kontaktlinse rutschte mir gleich bis in den Rachen. Der Schreck war natürlich groß. Zu allem Übel hatte sich die Linse irgendwo im Halse festgesaugt. Würgen, Gurgeln, sie mit dem Finger zu retten – alle Versuche waren vergebens. Inzwischen wird sie von meinem Verdauungsapparat verarbeitet.

Der Beschädigte hat sich die Verletzung selbst zugefügt, als er nach meinem Schlag die Treppe herunterfiel.

Während ein Unfall in den meisten Fällen unfreiwillig und unvorhersehbar daherkommt, gibt es Ereignisse, bei denen die Beteiligten durchaus willentlich Einfluss nehmen.

Ich habe ihm nur leicht mit dem Stuhl auf den Kopf geschlagen, habe aber nicht bedacht, dass es ein Clubsessel war.

Ich gab Benedikt S. zwei Schläge, und die Freunde haben auch ein paar dazu gegeben. Der Kläger aber legte sich auf den Boden. Meiner Meinung nach täuschte er vor, dass er verprügelt wurde.

Ihr Versicherter versetzte dem Wirt seine Taschenuhr und hierauf einem Gast eine Ohrfeige.

Als ich Ihren Versicherungsnehmer zur Rede stellen wollte, wurde er aggressiv und bedrohte mich mit seinem Hausschlüssel.

Ich teile Ihnen mit, dass es sich um keinen Unfall handelt. Die Verletzung – Aushaken des Unterkiefers – entstand durch kräftiges Gähnen. Das kann sich (wegen entsprechender Veranlagung) auch in Zukunft wiederholen.

Herr P. ist eindeutig haftpflichtig. Nur weil ich sagte »Du Hornochse«, warf er mit dem Salatteller nach mir und schüttete eine Maß Bier über meinen Anzug. Dann warf ich zurück ...

Ich war auf dem Münchner Oktoberfest und verzehrte gerade ein Hendl. Da flog mir ein Bierkrug an den Kopf. Den Absender konnte ich nicht ermitteln.

... und schoss mir mit der Gaspistole ins Gesicht. Danach brachte man mich zum Heiligen Geist.

Auf die drei Schläge mit dem Glas auf den Kopf reagierte er nicht, und meiner Meinung nach ging er in Agonie.

Die Schlägerei habe ich zuerst angefangen, weil mein Freund zu mir sagte, dass ich mehr Krankengeld als er bekommen würde.

Eine unangenehme Weibsperson hat das Überfallkommando gerufen, das feststellen wollte, ob ich betrunken wäre. Da ich jedoch Nichtraucher, Coca-Cola- und Milchtrinker bin, zog das herbeigerufene Unfallkommando mit vier Mann besetzt sofort wieder ab.

An dem Abend fand ein Punkkonzert statt. Dabei wurde »Pogo« getanzt, das heißt mit den Stiefeln gegen einen anderen gestoßen, damit der möglichst hinfällt. Verletzungen müssen dabei in Kauf genommen werden. Manchmal fällt auch einer auf den Kopf. Ich gebe ihm dann eine Schmerztablette.

✎ *Was für ein fürsorglicher Wirt!*

Den Sachverhalt können die beteiligten Ärzte und die anwesende Amnestieschwester bestätigen ...

Oft folgt nach einem Unfall oder einer Prügelei der Aufenthalt in einem Krankenhaus. Hier treibt dann der Amtsschimmel sein Unwesen bisweilen besonders toll.

Nach der Ankunft wurde bei ihm eine akute Blinddarm-Operation diagnostiziert.

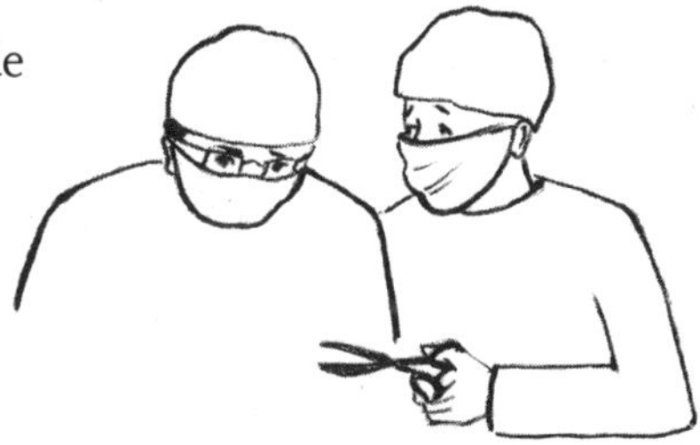

Die Kopfwunde wurde durch die Arbeiter-Samariter versorgt und zu den Barmherzigen Brüdern gebracht.

Meine verletzten Körperteile bitte ich dem Bericht des Städtischen Krankenhauses zu entnehmen.

Für das Krankenhaus möchte ich noch eine Zusatzversicherung abschließen. Bitte senden Sie mir Ihren Vertreter zu.

Wir entließen die Patientin in ihre gewohnte asoziale Umgebung.

Die Krankenschwester brachte mich in ein kleines Hinterzimmer. Dort sah ich einen an die Wand gemalten breiten roten Pfeil, der am Fußboden in ein winziges Schild auslief. Als ich mich bückte, las ich auf dem Schild: »Sie sind jetzt in der richtigen Stellung, um Ihre Spritze zu bekommen!«

Es ging um eine sehr ernsthafte Verletzung, welche nur dank der Körperfülle des Geschädigten nicht ernsthaftere Folgen – d. h. den Tod – hatte.

Es stehen noch zwei Rechnungen aus, da der Krankenhausarzt mit den Nerven fertig ist.

Die verletzte Person ist so unbedeutend, dass mit einem Schadenfall wohl nicht zu rechnen ist.

Laut ärztlichem Gutachten: keine Anzeichen für Gehirnbeteiligung.

Wir haben gesehen: Man hat es heute auch als Mediziner nicht leicht. Dies sollen auch die folgenden Beispiele belegen:

Schließlich sollten Versicherter und Versicherung an einem Strick ziehen, wenn es um die Ärzte geht. Aber der eine zieht an dem einen, der andere an dem anderen Ende.

Ich schwebte nach meinem Unfall in größter Lebensgefahr, denn ich befand mich in Behandlung des praktischen Arztes Dr. Walter P. der dieses auch bestätigen kann.

Zum Operieren brauche ich Kontaktlinsen. Eine andere Möglichkeit wäre, dass mir eine sterile Schwester ständig die Brille auf- und absetzt ...

Ich stelle die Versicherung vor die endgültige Entscheidung: Entweder unterstützt man die Gerechtigkeit, die meine Person verkörpert, oder man schlägt sich auf die Seite des Arztes, der das Unrecht in Person ist.

Die Rechnungen müssen so schnell wie möglich bearbeitet werden, weil der Arzt mit Schmerzen auf sein Geld wartet.

Mein Hausarzt hat mir dringend eine Erholungsreise im warmen Süden angeraten. Aber die wollen Sie nicht zahlen. Typisch Versicherung!

Der hier hat es geschafft:

Ich befinde mich zur Zeit auf einer Bildungsreise in Italien. Diese Reise ist mir vom Arzt dringend empfohlen worden.

Ich bitte die Arztrechnungen anzuerkennen, da mein Mann nach seinem Unfall mehrere Ärzte konsumiert hat.

Nach Auskunft von Dr. P. war die Operation bösartig.

Herr Dr. Müller hat mir operativ einen Nierenstein geholt, bei dem Sie jederzeit nachfragen können.

Ich habe den Patienten heute wegen eines Dienstunfalls untersucht, wobei er sich eine Zerrung am rechten Oberschenkel zuzog.

Mein Arzt diagnostizierte eine Lebererkrankung und riet mir dringend meinen Weinkeller aufzulösen.

Mir wurde vom Arzt eine strenge Diät ohne jedes Salz verschrieben. Glauben Sie, dass es mir schaden könnte, wenn ich am Ufer des Meeres sehr tief atme?

Ich bitte um wohlwollende Prüfung meines Aufnahmeantrages, weil ich meine rechte Niere noch in die Waagschale werfen kann, die der Arzt nicht feststellen konnte, da es sich um eine Wanderniere handelt.

Ihr Vertreter sagt, dass in der Krankenversicherung alle Wartezeiten entfallen. Gilt das auch in der Arztpraxis?

Der Doktor sagte, ich könne mir ruhig meinen Unterleib aus dem Kopf schlagen, ich sei gesund.

Für meinen zwölftägigen Aufenthalt in der »Klapsmühle« wird kein zusätzlicher Pfennig gezahlt. Und wenn mir hier eine Nachberechnung ins Haus kommt, so fordere ich Zurücknahme der Diagnose, Geld zurück an Versicherung und Entschädigung für die Falschdiagnose.

Kurz und schmerzlos

Aus dem Fragebogen einer Versicherung an einen Arzt:
Wie lauten die bei Behandlungsbeginn erhobenen Befunde?
– Meine Diagnose lautet glasklar alkoholtoxische Leberzirrhose.
Welche Behandlungen wurden im Einzelnen durchgeführt?
– Es gibt keine Behandlung dafür außer Weglassen jeden Tropfens.
Welche Maßnahmen sind beabsichtigt beziehungsweise angeraten?
– Eintritt in die Organisation der »Anonymen Alkoholiker«.
Besonderheiten beziehungsweise sonstige Krankheiten?
– Nein, dies genügt.

Der Patient hat sich während der gesamten Behandlung bis kurz vor seiner Entlassung auf eigenen Wunsch und gegen ärztlichen Rat ausgesprochen vernünftig verhalten.

Dr. K. hat mir neue Zähne eingesetzt, die zu meiner Zufriedenheit ausgefallen sind.

Zahnprobleme gehören sicher zum Unangenehmsten, das uns widerfahren kann.

Bei der Gerüstanprobe einer Unterkieferbrücke habe ich die Brücke leider versehentlich verschluckt.

In den letzten Wochen habe ich einen ganzen großen Schritt nach vorn getan durch Entfernen von zwei kräftigen Eiterherden an den Zähnen.

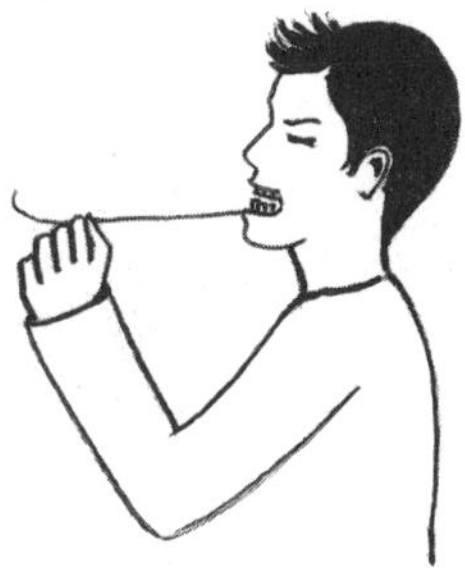

Auf zahnärztliche Behandlung kann ich verzichten. Meine Zähne liegen in Russland, bei Welkije Luki, gleich neben der Kirche, links.

✎ *Besichtigungstermine nach Vereinbarung …*

Anbei eine gesalzene Zahnarztrechnung. Die Erhaltungsarbeiten in meinem Steinbruch werden fortgesetzt. Meine gut reparierten Beißerchen hauen wieder unerbittlich in die schönsten Möhren, Kartoffeln, Vollkornbrötchen und Pralinen.

Leider habe ich damals keine Zahnversicherung abgeschlossen. Ich wusste von nichts, habe aber laufend mit den Zähnen zu tun – jetzt sind kaum noch welche da, nun lohnt es sich nicht mehr. Da haben Sie wiederum Glück!

Brennende Küsse

Mit 2300 € ist in einem Bonner Landgericht der Wert »entgangener Kussfreuden« festgelegt worden. Diesen Betrag musste ein Bonner Zahnarzt einem französischen Patienten als Schmerzensgeld zahlen. Bei diesem Patient war nach einer Zahnextraktion ein »völlig gefühlloser Mund« zurückgeblieben. Wegen seiner teilweise gelähmten Mundpartie verspürte er beim zärtlichen Lippenaustausch »entweder gar nichts oder nur brennende Schmerzen«. Erschwerend kam noch hinzu, so der Anwalt, dass sich sein Mandant habe wieder verheiraten wollen. Die Kussunfähigkeit habe dessen Chancen auf dem Heiratsmarkt erheblich reduziert.

✎ *Es sind nicht nur die Zähne, die einem ausfallen können:*

Seit 2 Jahren zahle ich einen Risikozuschlag wegen Haarausfalls. Jetzt habe ich keine Haare mehr, so können Sie den Zuschlag aufheben.

Ich habe mir beim Friseur das Haar bleichen lassen. Auf dem Heimweg in der Straßenbahn fingen die Haare plötzlich zu brennen an.

Jack the Ritzer

Ein Arzt in Manhattan hat einer Patientin während einer Kaiserschnitt-Geburt seine Initialen »A. Z.«, sieben Zentimeter hoch, in den Unterleib geritzt. Die 31-jährige Mutter verklagte den Doktor auf fünf Millionen Dollar Schadenersatz.

✎ *Manchmal ist jedoch jede ärztliche Hilfe vergebens:*

Ich teile Ihnen höflich mit, dass mein Frau auf Anordnung von Dr. M. infolge eines Herzanfalles gestorben ist.

Die zum Tode führende Behandlung begann am 15. September ...

Am Morgen des 9. Oktober wurde ich zu einem dringenden Hausbesuch gefordert. Patient war sofort tot ...

Er ist leider ohne ärztliche Hilfe gestorben, weswegen ich Ihnen keine Rechnung schicken kann.

Vermutlich war sein Herz sofort nach dem Tod stehen geblieben.

Ich fand ein großes Schlagloch und blieb in demselben

oder:

Augen auf im Straßenverkehr!

In diesem Kapitel beschäftigen wir uns mit den Tücken des Verkehrs. In erster Linie ist damit alles gemeint, was Fußgängern, Fahrrad-, Autofahrern und dergleichen zustößt und somit zum Versicherungsfall wird. Allerdings kann es durchaus vorkommen, dass auch zwischenmenschliche Begegnungen im Straßenverkehr eine Rolle spielen, so dass der Begriff »Verkehr« an der ein oder anderen Stelle erweitert werden muss. Wenn Sie dieses Kapitel gelesen haben, werden Sie wissen, was wir meinen …

In Höhe des Harzer Weges kam mein Pkw ins Schleudern und fuhr rechtsseitig ins freie Feld. Hierzu benutzte ich eine tiefe Böschung, was zu einem mehrfachen Überschlag führte.

Herr M. fuhr im tiefen Schnee plötzlich rückwärts und fuhr mich um. Dann fuhr er wieder vorwärts und fragte mich, was passiert sei.

Nur zu Ihrer Information der Hinweis, dass der Unfallgegner schon im Gefängnis war und zudem verheiratet ist.

✎ *Was wiegt wohl schwerer?*

Ich musste so schnell fahren, da ich Angst hatte, dass mir einer hinten reinfährt.

So ein Unfall kommt fast immer aus heiterem Himmel. Da ist es durchaus nachvollziehbar, wenn jemand dabei gelegentlich den Durchblick verliert.

Bei dem Unfall waren keine Beteiligten zugegen.

Ich habe den Passanten nicht umgefahren, nur seinen Schatten.

Ich hupte ununterbrochen mit der einen Hand und gestikulierte mit der anderen durch das Rückfenster, dass mich der Fahrer umfahren sollte.

Der andere Wagen war absolut unsichtbar, und dann verschwand er wieder.

✎ *Dies scheint für Fahrzeuge aller Größen zu gelten:*

Wegen einem unsichtbaren LKW musste mein Wagen eine schärfere Kurve nehmen als nötig gewesen wäre.

Mein Auto fuhr einfach gerade aus, was in einer Kurve allgemein zum Verlassen der Straße führt.

Auto 1 war für mich gestopt. Auto 2 hat Auto 2 gestoßt. Dadurch ist Auto 1 ungefähr 1,5 meter nach vorne geschieben und mir gestoßen. Nach meiner Meinung trägt Autofahrer 2 die Schuld.

Wut tut nicht gut

Auf der Autobahn Stuttgart–München bedrängte ein 33-jähriger Angestellter auf der linken Fahrspur einen vor ihm fahrenden Pkw. Trotz Auto- und Lichthupe wich dieser nicht auf die rechte Spur. Aus Wut riss der Angestellte das Lenkrad herum und fuhr seinen Wagen mit hoher Geschwindigkeit frontal gegen die Mittelleitplanke. Damit nicht genug: Nachdem er unverletzt aus dem Autowrack geklettert war, schlug der wütende Fahrer auch noch die heil gebliebenen Scheiben seines Wagens ein. Zur Nachahmung sei dieses Handeln nicht empfohlen: Es besteht für solche Fälle kein Versicherungsschutz!

Ich bin nicht unter Alkohol gefahren – ich habe den Wagen nur rollen lassen!

Alkohol am Steuer? Oder eher beim Verfassen der Korrespondenz?

Den letzten Alkohol habe ich etwa gegen 13 Uhr getrunken. Nach dem Unfall um 13.40 Uhr habe ich keinen Alkohol mehr getrunken, da ich ja außer Bewusstsein war.

Der Wagen schleuderte nicht infolge des Biers, das ich getrunken hatte, sondern wegen des Glatteises, das danach kam.

Am 7. 1. habe ich mein Kraftfahrzeug unter Einfluss von Alkohol samt Kfz-Brief und -Schein einem in Bayreuth tätigen Modell namens Susanne übergeben, die es anscheinend als Bezahlung betrachtet und nicht mehr herausgibt.

Dass der Unfallverursacher im kritischen Moment betrunken war, haben wir daraus entnommen, als der schrie, dass er keine Angst vor seiner Frau habe.

Zudem kann ich bestätigen, dass ich nur 0,7 Promille Blut im Alkohol hatte.

✎ *Manchmal lassen uns auch unsere Sinne im Stich:*

An der Kreuzung hatte ich einen unvorhergesehenen Anfall von Farbenblindheit.

Die Ausrede von Herrn S., dass er farbenblind ist, widerlegt am besten sein unkontrollierter Ausruf nach dem Unfall, dass Rotes an ihm herunterläuft.

Ich fuhr auf der Speyererstraße, als die Ampel von Rot auf Blau überging.

Wegen der Sonneneinstrahlung hat die rote Ampel grün geschimmert.

Die rote Ampel muss sich hinter der Sonne versteckt haben.

Dieser PKW fuhr weiter und kam erst nach 20 Minuten ohne Wagen an die Unfallstelle zurück.

W. trug Ohrenschützer und konnte deswegen meinen sich nähernden PKW weder sehen noch hören.

Auch wenn Sie es nicht glauben, der Unfall entstand dadurch, dass ein Fußgänger bei Rot auf die Straße springt, Hose runterlässt und seinen Hintern zeigt.

Ich wurde vor einiger Zeit vom Fahrrad geschleudert und prallte mit dem Gesäß auf dem Asphalt. Seitdem habe ich starke Kopfschmerzen.

Ich fuhr rückwärts eine steile Straße hinunter, durchbrach eine Grundstücksmauer und rammte einen Bungalow. Ich konnte mich einfach nicht mehr erinnern, wo das Bremspedal angebracht ist.

Der Mann vor mir besaß die Frechheit, einfach auf die Bremse zu treten.

✎ *Der wusste es also!*

Ich bin nur deshalb so schnell gefahren, weil ein Gangster hinter mir her war.

Kommen wir zum Rausch der Geschwindigkeit:

Bei dem schnellen Tempo konnte ich das 30-km/h-Schild nicht lesen!

Ich konnte nicht wissen, wie schnell ich war – der Tacho war kaputt!

Ich bin nur deshalb so schnell gefahren, damit mein Wagen nach dem Waschen schneller trocken wird.

Ich konnte nicht so lange auf Grün warten, ich hatte es furchtbar eilig.

Ich durchbrach mit meinem LKW die Schallmauer an der Autobahn ...

Die Straße war so schön ausgebaut, da bin ich zu schnell gefahren und habe den Unfall verursacht.

Der Gegenverkehr hat mich geblendet, deshalb habe ich die Geschwindigkeitsbegrenzung übersehen.

Ich musste so schnell fahren, um einen Stein aus dem Reifenprofil herauszuschleudern!

Vor dem Überqueren der Fahrbahn schaute ich nach links und gleichzeitig nach rechts.

Erst links, dann rechts, dann geradeaus, dann kommst du sicher gut nach Haus – dieser alte Kindergarten-Leitsatz wird im Erwachsenenalter nur allzu häufig vergessen.

Er kam von links, ich von rechts und wollte nach links abbiegen. Ich fuhr weiter, als ich sah, dass er mich gesehen hatte. Unglücklicherweise gab er auch Gas, denn er hatte nicht gesehen, dass ich gesehen hatte, dass er mich gesehen hatte.

In einer Linkskurve geriet ich ins Schleudern, wobei mein Wagen einen Obststand streifte und ich – behindert durch die wild durcheinander purzelnden Bananen, Orangen und Kürbisse – nach dem Umfahren eines Briefkastens auf die andere Straßenseite geriet, dort gegen einen Baum prallte und schließlich – zusammen mit zwei parkenden Pkws – den Hang hinunterrutschte. Danach verlor ich bedauerlicherweise die Herrschaft über mein Auto.

✎ *Ist es ein Wunder, dass dann auch Schadensberichte mal kurz die Herrschaft über sich selbst verlieren?*

Der Mandant fährt einen Porsche 911 Cabrio mit Eilradantrieb.

✎ *Manche Versicherungsteilnehmer werden gern ein wenig ausführlicher:*

Bin in der Kurve, nicht weit von der Unglücksstelle, in Schleudern gekommen. Während des Schleuderns habe ich wahrscheinlich den entgegenkommenden Mercedes gerammt, der dann die Richtung der totalen Endfahrtphase vermutlich mitbestimmte. Es hatte zeitweise an einigen Stellen geschneit. Die Fahrbahn war dadurch auf einigen Straßen rutschig geworden. Ich wollte den Wagen abbremsen. Ich habe gekämpft wie ich nur konnte, aber es half nichts. Prallte gegen die Zaunmauer und wurde unbewusst. Aus war es mit meiner Gesinnung.

Nicht Herr O. hat mit dem Fahrzeug geschlenkert, um einen Bekannten zu grüßen, er hat vielmehr angenommen, dass das entgegenkommende Fahrzeug von einem Bekannten gefahren wurde, weil es schlenkernd auf ihn zukam.

✎ *Details wie diese können entscheidend sein:*

Als das Fahrzeug nach dem Sturz von der Brücke untergegangen war, zeugten aufsteigende Blasen davon, dass die Reifen schadhaft waren.

Als ich die Kreuzung erreichte, sprang plötzlich ein Zaun hoch und behinderte meine Sicht.

Der auf der Straße rollende Opel Caravan bekam von dem Lkw einen Schlag und wurde so in die Toreinfahrt geschleudert, dass der Wagen einen Torpfosten umschlug und dann vorschriftsmäßig in Richtung Toreinfahrt zertrümmert stand.

Die Unfallzeugen sind der Schadensmeldung beigeheftet.

✎ *Wenn es der Wahrheitsfindung dient …*

Ich habe noch nie Fahrerflucht begangen; im Gegenteil, ich musste immer weggetragen werden.

Auch Autos sind nur Menschen

Nicht selten ist davon die Rede, dass das Auto »das liebste Kind« seines Besitzers sei. Diese Haltung wird dann auch in Briefen an die Versicherung deutlich:

Die Geburtsurkunde des Kfz ist beigelegt.

Dann kam es zu einer heftigen Schlägerei zwischen dem Passat und dem BMW.

Beide Autos stießen mit dem Kühler zusammen. Es gab aber lediglich ein paar Blutergüsse.

An der Stoßstange wurde nichts verletzt, es bestand auch keine seitliche Prellung, nur eine Schürfung in Längsrichtung.

Es gab einen furchtbaren Krach und das Auto meines Unfallgegners war kampfunfähig.

Ich wollte auf der linken Fahrbahn einen Pkw überholen, da er vor mir schon in Schlangen hineinfuhr. Als ich mich auf gleicher Höhe befand, schaute er hinüber, lachte, und kam anschließend immer weiter nach links. Als ich mich schon äußerst links befand, und er weiter nach links kam, mich gegen die Leitplanken drückte, verlor ich die Besinnung, ebenfalls meine Schwiegermutter.

Als das Auto die Polizei erblickte, erschrak es und fuhr zurück.

In einer Rechtskurve kam der Pkw von der Fahrbahn ab, prallte gegen einen Lichtmasten und wurde schwer verletzt und musste ins Krankenhaus eingeliefert werden.

✎ *Manchmal verwischen sich auch die Grenzen zwischen Fahrzeug und Fahrzeughalter!*

Der andere Wagen fuhr auf meinen zu, hat mir aber vorher seine Absicht nicht im Geringsten angezeigt. Daraufhin machte ich dem anderen Idioten meine Meinung klar.

✎ *Nicht nur Fahrzeuge können unvermittelt zum Leben erwachen:*

In hohem Tempo näherte sich mir die Telegrafenstange. Ich schlug einen Zick-Zack-Kurs ein, aber dennoch traf die Telegrafenstange mich am Kühler.

Plötzlich sah sie mich, verlor den Kopf und dann stießen wir zusammen ...

So ein Unfall ereignet sich ja nicht nur von Fahrzeug zu Fahrzeug, sondern auch die darin sitzenden Personen sind betroffen. Mal mehr, mal weniger. Einiges über die Folgen lesen Sie jetzt:

Nach dem Aufprall kam mir etwas Weißes entgegen. Ich dachte, ich sei jetzt im Himmel. Es war aber nur der Airbag.

Der Versicherungsnehmer verletzte die Vorfahrt und kurz darauf den von rechts kommenden Radfahrer ...

Gestern ist meine Frau bei kräftigem Bremsen mit dem Kopf gegen die Windschutzscheibe gestoßen. Dabei ist die Scheibe gesprungen. Weiterer Schaden entstand nicht.

Ich stand auf der Standspur, um einen Reifen zu wechseln. Da kam ein Auto knapp an mir vorbei und fuhr über meinen rechten Fuß. Bis ich merkte, was geschehen war, war das Auto schon wieder weg.

Es war ein Auffahrunfall. Ich lief schnell hin und sah dann, wie die Dame Blut an der Hand hatte und eine mäßige Ladung Flaschen im Kreuz.

Als ich mich gerade in Bewegung gesetzt hatte, bekam ich von hinten einen Stoß, so dass ich zur Erde fiel. In demselben Augenblick sah ich über mir den LKW und das Hinterrad des Wagens auf mich zurollen. In meiner Todesangst ergriff ich mit der linken Hand das Rad, um den Wagen aufhalten zu können, was jedoch vergebens war. Dann stieß ich einen Schrei aus, denn das Hinterrad hatte mich schon erfasst und meinen Brustkorb eingedrückt. Zum Glück sind die Rippen nicht gebrochen, die haben standgehalten, sonst wäre ich wohl nicht mehr. Ein zweites Mal möchte ich das nicht für 5.000 € erleben.

Dem Fahrer des Lastkraftwagens wurde beim Herausschleudern durch einen Balken der Kopf eingeklemmt. Dieser musste abgesägt werden, damit er herausgezogen werden konnte.

Wie mir das Krankenhaus mitteilte, hat der Beschädigte die Verletzungen überlebt, da er aktiver Soldat bei der Bundeswehr ist!

✎ *Es hat also durchaus seine Vorteile, beim Militär zu sein ...*

Der Unfallgegner erlitt schwere Kopfverletzungen. Auch sein Auto hatte nur noch Schrottwert.

Die Fahrerin des gegnerischen Autos, eine Ente, erlitt einen Hals-Wirbel-Traum.

Die 4 Verletzten des Autounfalls wurden in die Klinik gefahren, 5 davon sind inzwischen wieder entlassen worden.

Meine Frau erlitt eine Schädelprellung ohne Hirnbeteiligung.

Zuerst sagte die Polizei, ich sei nicht verletzt, aber als ich dann den Hut abnahm, bemerkte ich den Schädelbruch.

Bitte informieren Sie mich, um welche Glieder es sich bei der Gliedertaxe in der Unfallversicherung handelt.

✎ *Frage: Zählt der Schädel zu den Gliedern? Aber lassen wir das. Noch schlimmer ist das hier:*

Der Fahrer, der bei dem Unfall nicht verletzt wurde, starb an der Unfallstelle.

Am 24. 8. war ich mit meiner Braut im Nachbarkino. Auf der Rückfahrt mit meinem Motorrad wurde ich von einem entgegenkommenden Fahrzeug geblendet. Ich wusste aber nicht, was ich für ein Fahrzeug vor mir hatte. Im ersten Augenblick glaubte ich, ein Schaufenster vor mir zu haben. Ich bremste meine Maschine ab und kam ins Schleudern. Als ich sah, dass ich ein Lastauto vor mir hatte, bremste ich noch stärker und hierdurch kam ich mit meiner Braut zu Fall. Meine Braut geriet direkt unter das Fahrzeug. Ich wurde am Kopf und Rücken gestreift. Als ich aufstehen wollte, brach ich zusammen.
Einige Zeit später kroch ich zurück auf die Fahrbahn, um nach meiner Braut zu sehen. Ich stellte fest, dass meine Braut unter dem linken Vorderrad lag. Ich wollte sie herausziehen, aber es ging nicht, da das linke

Vorderrad auf dem linken Arm meiner Braut stand. Ich sagte zu dem Fahrer: »Könnten Sie ein Stück zurückstoßen?« Jetzt sagte der Fahrer: »Was ist denn eigentlich los?« Ich sagte zu ihm: »Sie stehen mit dem linken Vorderrad auf dem linken Arm meiner Braut!« – »Ach so«, sagte der Fahrer, »das habe ich nicht gewusst.« Dann fuhr er ein Stück zurück. Hiernach zog ich meine Braut heraus und brachte sie auf den Bürgersteig. Dort stellte ich fest, dass ihre Verletzungen Gott sei Dank nicht so schwer waren. Ich brachte sie dann zum nächsten Arzt.

✎ *Womit eigentlich alles erklärt wäre …*

Im Stoßverkehr krachte es vorne, während es gleichzeitig hinten bumste.

Manchmal fragt man sich schon, ob Verkehrsteilnehmer diesen Begriff ausschließlich dem Straßenverkehr zuordnen. Hier eine Auswahl von unfreiwilligen Zweideutigkeiten:

Die Unfallursache beruht vor allem darauf, dass sich der Fahrer mit ganzer Vehemenz der Mitfahrerin gewidmet hat.

Wir hielten auf der Böschung zum See hinunter. Dann kam es zu zwischenmenschlichen Beziehungen, die aber schlagartig aufhörten, als sich die Handbremse löste.

An dem Unfall trägt der Tankwagenfahrer die Schuld, weil er mir die Vorfahrt geschnitten hat. Frau H. fuhr mit mir als Beifahrerin. Bei dem Unfall wurde keiner verletzt, nur Frau H. ist in anderen Umständen.

Warten auf Österreichisch

Ein junger Autofahrer aus Tirol nahm eine Anhalterin mit. Nach wenigen Kilometern gab es eine Panne. Doch der herbeigerufene Abschleppdienst kam erst Stunden später – in der Nacht. Einige Monate später erhielt der junge Mann einen Brief seiner damaligen Begleiterin, der ein freudiges Ereignis ankündigte. Worauf der Pannenfahrer das Abschleppunternehmen bzw. dessen Haftpflichtversicherung zur Ersatzleistung heranziehen wollte. Seine Begründung: »Wenn die Pannenhilfe früher eingetroffen wäre, hätte sich nichts ereignen können ...«

Der Kraftsachverständige war völlig ungehalten als er mein Vorderteil erblickte.

Die Polizisten, die den Unfall aufnahmen, bekamen von meiner Braut alles gezeigt, was sie sehen wollten.

Der Mopedfahrer, der am Tatort alles miterlebte, hatte der Fahrerin meines Pkw aufrichtig erklärt, dass er seiner Zeugungspflicht nachkommen wird.

Die mini-berockte Dame auf dem Bürgersteig trägt die Schuld an dem Unfall ... Wenn Sie ein Mann sind, erübrigen sich weitere Ausführungen. Sind Sie eine Dame, dann kann ich es Ihnen sowieso nicht erklären.

Ich habe mit meinem Kombi direkt vor meiner Gaststätte entladen, weil ich schwanger bin. Dabei hat mir ein Bekannter geholfen.

Ich befinde mich zurzeit in der Frauenklinik, wo ich infolge eines Verkehrsunfalls in etwa zwei Wochen meine Niederkunft erwarte.

Ich überfuhr einen Passanten. Er gab selbst zu, dass es seine Schuld war, vor mir auf der Straße erschienen zu sein.

Begegnungen zwischen motorisierten und nicht beziehungsweise nur schwach motorisierten Verkehrsteilnehmer haben bisweilen etwas Tragisches an sich, was wir gerne belegen. Irgendwie lesen sich die folgenden Aussagen fast wie ein Fortsetzungsroman. In Wahrheit aber stammen sie aus völlig verschiedenen Quellen.

Ich beurteilte die Dame, die über die Straße gehen wollte, falsch.

Der Fußgänger hatte offensichtlich keine Ahnung, in welche Richtung er gehen sollte, und so überfuhr ich ihn.

Der Autofahrer sah mir mitten ins Gesicht und fuhr gnadenlos ins Vorderrad.

Schon bevor ich anfuhr war ich überzeugt, dass dieser alte Mann nie die andere Straßenseite erreichen würde.

Ein Fußgänger kam plötzlich vom Bürgersteig und verschwand dann wortlos unter meinem Wagen.

Dummerweise stieß ich mit dem Fußgänger zusammen. Er wurde ins Krankenhaus eingeliefert und bedauerte dies sehr.

Ich überfuhr einen Mann. Er gab seine Schuld zu, da ihm dies schon einmal passiert war.

Der Bursche war überall und nirgends auf der Straße. Ich musste mehrmals kurven, bevor ich ihn traf.

Ich musste ihn leider aufs Korn, das heißt auf den Kühler nehmen; dann fegte ich ihn seitlich über die Windschutzscheibe ab.

Ich sah ein trauriges Gesicht langsam vorüberschweben, dann schlug der Herr auf dem Dach meines Wagens auf.

Der Betrunkene lag an der Kreuzung. Hin und wieder winkte er Autos mit dem Taschentuch, damit sie ihn nicht überfuhren.

Der Grieche setzte nach dem Anstoß seine Fahrt zwar mit eigener Kraft fort, aber er ließ knallend eine Wolke üblen Geruchs entweichen.

Die Oma raste auf ihrem Fahrrad mit halsbrecherischer Geschwindigkeit von links auf meinen Wagen zu und klatschte gegen die Frontscheibe. Dabei blieb sie mit ihrem Gebiss am Scheibenwischer hängen. Ich musste extra aussteigen, um es zu entfernen. Das war ekelhaft.

Wenn es an der fraglichen Stelle einen Bürgersteig gegeben hätte und der Radfahrer auf ihm statt auf der Straße gefahren wäre, dann hätte ich ihn wahrscheinlich nicht erwischt.

Ich erlitt dadurch einen Unfall, dass das Moped Ihres Versicherungsnehmers mich mit unverminderter Pferdestärke anraste.

Der Mann richtete sich sofort wieder auf und schrie: »Mein Fuß ist ab!« Dann hob er sein Moped auf und stellte es an einen Baum.

Ich fuhr auf der rechten Seite der Herzogstraße Richtung Königsplatz mit ca. 40 km/h Geschwindigkeit. Wegen eines in die Fahrbahn laufenden Kindes musste ich plötzlich stoppen. Diese Gelegenheit nahm der Gegner wahr und rammte mich von hinten.

Meine Tochter Wiebke saß am 3. 7. um 18.30 Uhr auf dem Rasen des Sportplatzes im Schneidersitz. Es näherte sich ein Audi mit Fahrer und zwei weiteren Insassen, der »zum Scherz« kurz vor ihr bremsen wollte. Das gelang auf dem nassen Rasen nicht. Der Wagen rollte über meine Tochter, die sich sofort hingelegt hatte, vom Kopf bis zum Po. Meine Tochter hob mit ihrem Rücken das Auto, um nicht erdrückt zu werden. Eine entsprechende Delle kann man am Auto sehen. Anschließend fuhr das Auto noch einmal über sie hinweg. Sie wurde sofort in die Unfall-Chirurgie gefahren, wo sie bis zum 7. 7. blieb. Bei allen Untersuchungen wurden keinerlei Schäden festgestellt. Sie hat allerdings starke Prellungen und Abschürfungen im Rückenbereich.

Unverletzt bei diesem Unfall blieb lediglich die 13-jährige Tochter, die nicht mitgefahren war.

Hier einiges aus der Rubrik »Vermischtes«:

Ich habe den Unfall nicht gemacht. Das Auto war von meiner Freundin. Ich habe längst wieder eine andere Marke.

Meine Freundin wollte nach Hause, und so kam es zum Unfall.

Dem gegnerischen Fahrer, der nicht im Besitz einer Fahrerlaubnis war, wurde der Führerschein abgenommen.

Ich kam von der Straße ab, wobei ein Baum meinem PKW nicht ausweichen konnte.

Die Fahrer bewarfen sich gegenseitig mit Steinen und verschiedenen Abfällen. Die Ehefrauen saßen derweil am Waldrand und strickten.

Ich kenne den Vater meiner Tochter nicht. Er fährt einen BMW, der an der rechten Tür ein Loch hat – verursacht durch meine Stilettos.

Der Fahrer im Rekord fuhr richtig. Der Kadett hatte ein Mädchen als Fuhre und ich bin unschuldig.

Da der Fahrer nicht mitten im Verkehr halten konnte, erbrach ich mich im Fahrzeug.

Während ich die Straße befuhr, überkam mich das Verlangen, mich zu erleichtern, weswegen ich das Fahrzeug am Rand anhielt und mich in ein nahes Gebüsch begab. Nachdem ich die Hosen heruntergelassen hatte, kam der Gegner und gab's mir von hinten mit dem Kipper.

Meine Frau Müller hatte am 5. 10. einen Verkehrunfall. Meine Frau Müller hatte um 14.30 Arbeitsende und

fuhr mit der Arbeitkollgin nach Hause fahren aber dann kam der Unfall an Kopfverletzt und die rechte Hand vertaucht mit schicken sie Unfallvornola meine Frau Müller ist bis zum 16. 10. Krankgeschrieben.
Meine Frau Müller möchte wissen ob sie 30 DM pro Tag kricht. Sie ist von Krankenhaus Krankgeschrieben.

Als ich an der Stoppstraße hielt, bekam ich von hinten einen kräftigen Stoß. Zu meiner Erleichterung fand ich an meinem Wagen nur eine leichte Delle. Ich notierte mir den Namen und die Nummer der alten Dame, worauf sie mir sagte: »Sie sind so ruhig und zuvorkommend. Die meisten Männer, die ich sonst anfahre, werden immer gleich ausfallend!«

✎ *Aus einem Anwaltsbrief an eine Versicherungsgesellschaft:*

In obiger Sache erlauben wir uns auf Folgendes hinzuweisen:
Es ist nicht richtig, dass Ihr Versicherungsnehmer die Deutsche Sprache nur unvollständig beherrscht.
Ihr Versicherungsnehmer hat nach dem Unfall, als er ausstieg, als Erstes gesagt:
»Dir habe ich gezeigt, dass ein Mercedes nicht immer Vorfahrt hat.«
Daraus ergibt sich, dass Ihr Versicherungsnehmer nicht nur deutsch spricht, sondern auch offensichtlich deutsch denkt.
Hochachtungsvoll

Mein Auto war aufgebrochen. Das Radio war ausgebaut, lag aber demoliert auf dem Fahrersitz. Ich nehme an, dass das Radio für den Dieb wertlos war, weil es kotgeschützt ist.

Verheerende Folgen

Craig Chocich aus Dearborn/USA kassierte eine Menge Dollars, weil er einen anderen Mann mit 29 Messerstichen niedergemetzelt hatte. Noch aus dem Gefängnis heraus reichte er Klage ein, das Gericht möge feststellen, dass ihn die Folgen eines Autounfalls brutal gemacht hätten. Danach gewann er den Prozess gegen die Versicherung, die ihm den Verdienstausfall für seine Haftzeit erstatten musste.

Ich fahre schon seit 40 Jahren, und dann schlief ich wohl am Steuer ein, und so kam es zum Unfall.

Ich hupte, aber die Hupe funktionierte nicht, weil sie gestohlen war.

Kommen wir zur Sache. Sprich: Zu Sachschäden im Allgemeinen und zu den Tücken des Objekts im Besonderen:

Alle Glasteile an dem Wagen gingen bei dem Totalschaden zu Blech.

Plötzlich löste sich bei mir die Feststellung der Sonnen- und Scheinwerferblende, welche über der Windschutzscheibe mittels verstellbarem Kugelschraubengelenk befestigt war.

An der Kreuzung Forbachstraße stieß ich am 2. April mit einem Trabbi zusammen. Da er aus Presspappe ist, entstand kein Blechschaden.

Die Straße war abschüssig. Nachdem ich ausgestiegen war, warf ich die Fahrertür ins Schloss. Beim Telefonieren sah ich, dass der Wagen einfach losfuhr.

✎ *Selbst die Grenzen zwischen Personen- und Sachschaden sind nicht immer eindeutig:*

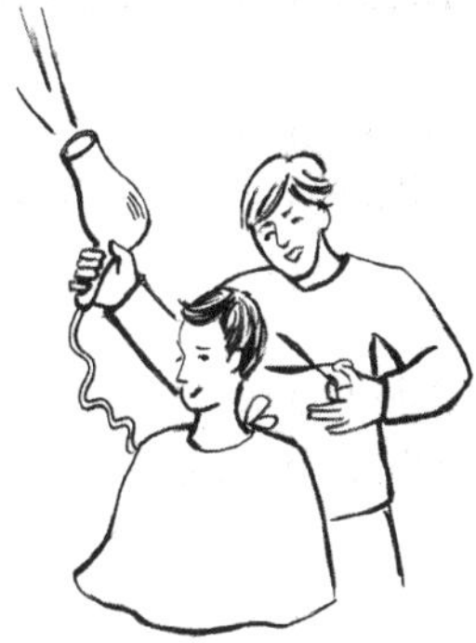

Ihr Versicherungsnehmer fuhr vorne in meinen Friseur-Salon. Während der Reparaturzeit war ich nur beschränkt tätig. Ich konnte meine Kunden nur noch hinten rasieren und schneiden.

Wäre ich nicht versichert, hätte ich den Unfall nie gehabt. Denn ohne Versicherung fahre ich nicht.

Meine Frau wurde an der Kehrseite erheblich verletzt. An dieser Stelle befand sich kein Verkehrszeichen.

✎ *Vorbeugung ist alles …*

Fahre Pfingsten nach Holland, brauche Grüne Karte, habe schon Betten bestellt.

Außerdem bin ich vor meinem ersten Unfall und nach meinem letzten unfallfrei gefahren.

Ich hörte, dass die Funkstreife mit Blaulicht fuhr.

Immer mit im Spiel: die Polizei, dein Freund und Helfer

Der Unfall wurde von einem netten jungen Bullen aufgenommen, der schon nach kurzer Zeit meine Unschuld unter Beweis stellte.

Sollte Ihnen die Darstellung der Verkehrspolizei nicht genügen, so lassen Sie doch einen Ihrer Herren Sachbearbeiter von einem PKW überfahren. Er könnte nachher genau feststellen, wie unbedeutend und komplikationslos so etwas verläuft.

Ich fuhr in dem Augenblick über eine Kreuzung, als die Ampel von Gelb nach Rot wechselte. Prompt wurde ich von einem Polizisten an den Straßenrand gewinkt.

Ich sagte, ich habe nicht so plötzlich bremsen wollen, aus Angst, jemand könnte mich von hinten anfahren. Der Polizist entgegnete sehr nachdrücklich, das sei kein Argument, denn jeder aufmerksame Fahrer werde bei richtigem Abstand schon rechtzeitig bremsen. Erleichtert, dass ich so glimpflich davongekommen war, fuhr ich nun besonders vorsichtig zur nächsten Kreuzung. Als Gelb kam, bremste ich abrupt und spürte zugleich einen Stoß von hinten. Da saß, das Motorrad dicht in meiner Stoßstange, der gleiche Polizist mit rotem Kopf, der angespannt nach etwas in der Ferne Ausschau hielt, bis wieder Grün kam ...

Das Polizeiauto gab mir ein Signal zum Anhalten. Ich fand einen Brückenpfeiler.

Der Kombiwagen wird nur zum Transport meines neuen Hauses gebraucht.

Bis jetzt war immer von Unfällen mit ganz normalen Fahrzeugen die Rede. Es gibt aber auch außergewöhnliche:

Ich habe mit meinem Freund ein Messingbett bei einem Altwarenhändler gekauft. Wir stellten das Bett auf die Straße, setzten uns darauf und zündeten jeder eine Zigarette an. Dabei hatten wir leider nicht darauf geachtet, dass die Straße bergab geht. Auf einmal hat sich nämlich das Bett in Bewegung gesetzt und ist gleich so schnell geworden, dass wir gar nicht mehr wagten, abzuspringen. Mit Karacho ging es dann durch die Gasse bergab. Was hätten wir denn tun sollen?

Weder Bremsen noch eine Hupe waren an dem Bett. Mein Freund hat zwar schrill gepfiffen, als wir uns der Kreuzung genähert haben, aber der Autofahrer hat überhaupt nicht reagiert. So kam es zum Zusammenstoß.

Volltreffer

Höhepunkt des alljährlichen Oktoberfestes in Clarksville/Tennessee ist ein Salutschießen mit einer sogenannten Knödelkanone. Dabei wird ein Uraltgeschütz aus dem amerikanischen Bürgerkrieg mit Semmelknödeln geladen und krachend abgefeuert. Offensichtlich fliegen diese Knödel besonders hoch. Denn einer von ihnen gelangte in die Düse eines tieffliegenden Phantomjägers, der daraufhin notlanden musste. Die Airforce verlangte von den Veranstaltern 200.000 € Schadenersatz. Ob die gute alte Tradition seitdem weitergeführt wird, ist uns nicht bekannt.

Ich wurde damals als Trottel der Familie H. benutzt, um meinen Namen für dieses Fahrzeug herzugeben. Jetzt bin ich ein entmachteter Halter und Bezahler.

✎ *Wie sagt man so schön: Selbsterkenntnis ist der erste Weg zur Besserung ...*

... ich muss Ihnen zunehmend Ärger und Unannehmlichkeiten bereiten, alldieweil ich mich mit zunehmendem Alter anscheinend vom Autofahrer zum »Auffahrer« entwickle.

Liebe Versicherung, da ich mitsamt meinem Fahrrad gegen ein Automobil geknallt bin, ist Ersteres leider im Eimer. Ich ersuche Sie darum freundlichst, mich kostenfrei zu halten und mir mein Fahrrad, wo 100 € kostet, zu ersetzen. Das Auto bezahlt ja die Haftpflichtversicherung, weil es auch ganz demoliert ist. Indem dass mein Fahrrad schon geflickte Reifen und eine vollkommen kaputte Gangschaltung hat, verlange ich höflicherweise nur den Kostenbeitrag von 40 €. Davon kaufe ich mir dann ein Kofferradio. Herzlichst dein Reiner.

Ich habe einen Hund bekommen – machen Sie so etwas auch?

oder:

dein Tier, das unbekannte Wesen

Auch im Zusammenspiel zwischen Mensch und Tier kann es aus Gründen, die in der Natur der Sache liegen, durchaus zu versicherungsrelevanten Begegnungen kommen. Wir hoffen, Ihnen mit den folgenden Seiten tierisches Vergnügen zu bereiten, sind uns aber bewusst, dass dies Betroffene auch anders sehen können.

✎ *Beginnen wir mit kleinen, aber durchaus gemeinen Insekten:*

Die Wespe musste auf dem Revers gesessen sein und war beleidigt und hat mich unterm Kinn gestochen.

Eine nachweislich geplante Wanderung mit meinen Bienen in die Heide kann ich nun nicht mehr termingemäß durchführen. Mir gehen dadurch etwa 500 € Einnahme verloren!

Bin allergisch gegen Bienenstiche und Versicherungsabschlüsse.

Ein Mann sieht rot

In Miami verwechselte des Nachts ein schlaftrunkener Urlauber ein Moskito-Bekämpfungsmittel mit einer roten Farbspraydose. Als es wieder hell wurde, sah er in seinem Hotelzimmer nur noch rot – erst recht, als er später die Schadensersatzforderung erhielt.

✎ *Überraschenderweise scheint es auch Tiere zu geben, die Versicherungsgesellschaften gegenüber negativ eingestellt sind:*

Unsere Ziege hat Ihre Versicherungspolice gefressen. Da ich diese nicht öffnen kann, bitte ich um eine neue …

Jetzt haben Sie mich doch erwischt und ich dachte, es hätte niemand bemerkt. Ehrlich gesagt, ich habe das Original wirklich noch nicht vorgelegt und auch ein Geld haben Sie mir nicht geschickt.
Aber als ich das Schildkrötenfutter vom Küchenschrank holen wollte, fiel das Rotweinglas um und – schwupps – war die untere Hälfte unleserlich. Da wo der Betrag steht. Und als dann noch der Wellensittich von Tante Frieda, die seit drei Wochen von der Hallig bei uns zu

Besuch ist, die Rechnung rundum anpickte, war bei uns die Sau los. Ihr überweist mir die 20,20 € doch trotzdem, gell?

Schicken Sie mir bitte eine neue Poliese. Meine Alte ist von meinem Papajei anjenacht worden.

✎ *Hiermit geht ein schöner Gruß nach Berlin!*

Anbei eine Rechnung über einen Wellensittich in Höhe von sieben Euro. Der Vogel ist vor acht Tagen tödlich verunglückt. Er ist mit so einer Wucht gegen den Spiegel geflogen, dass er 5 Minuten danach tot war.

Der Hund kam, sah – und biss!

Das beliebteste Haustier in unseren Breitengraden ist zweifelsohne der Hund. Dieser verhält sich zwar meistens sehr menschenfreundlich, aber – wie unsere folgenden Beispiele beweisen – nicht immer. Versicherungen und ihre Kunden können ein schmerzlich Lied davon singen.

Den Hundehalter kenne ich nicht. Den Biss habe ich der Polizei gemeldet. Doch der Wachtmeister grinste nur.

Meine Tochter führte unseren Hund spazieren. Da die Verletzte eine Perücke trug und auch absonderlich gekleidet war, sprang sie unser Hund an.

Wieso bin ich haftbar, jeder weiß doch hier, dass mein Hund gern zuschnappt!

Unser Pudel hat einem bei mir weilenden Besucher, der zum Essen sein Gebiss abgelegt hatte, dieses entwendet und ruiniert.

Zum Sachverhalt (Hundebeißerei) teile ich Ihnen noch mit, dass sich mein Dackel in der Bekleidung meiner Tante befand, während sich der Schäferhund ohne Bekleidung von seinem Wohnsitz entfernt hatte.

Der Hund begann an mir zu schnüffeln. Ohne eine Silbe zu sagen, biss er mich in das linke Bein. Jetzt bin ich bettlägerig.

Gegen 16.00 Uhr klingelte der Briefträger. Unser Harro stürzte zum Gartentor – vor dem der Briefträger wartete – sprang aus dem Stand sofort hinüber (was wir bisher für unmöglich hielten) und erfasste umgehend den Briefträger an dem Wadenbein. Dieser flüchtete auf die Kühlerhaube seines daneben stehenden VWs.

Unser Hund biss den Dackel, welcher mit seiner Frau bei uns vorbeikam, hinten rechts. Er biss auch die Frau, aber die stellt keine Ansprüche.

Frau F., die in meiner Firma arbeitet, ging vom Lager ins Büro. Unser Hund hat sich wohl erschreckt und Frau F. gezwickt. Nach zwei Tagen bat ich sie, mir die Stelle zu zeigen. Daraufhin: Kittel, Rock und Unterrock hoch, Hüfthalter runter, Schlüpfer gelüpft und unter all diesen Sachen war eine ganz kleine Druckstelle zu sehen. Alle meine Angestellten haben davon Kenntnis genommen.

Am 15. des Monats wurde auf meinem Hof ein Kind von einem Hund gebissen. Der Hund hat sich in ärztliche Behandlung begeben.

Ich habe mich mit unserem Ersthund unterhalten. Da kam der Zweithund und biss mich aus Eifersucht ins Bein.

Der Dieb, der bei dem Einbruch ertappt wurde, ist dabei von unserem Nachbarn, der einen Hund dabeihatte, gebissen worden.

Ich wollte zwei raufende Hunde trennen und wurde gebissen. Ich lief sofort in die Apotheke, da biss mich der Apothekerhund.

Ein Versicherungsnehmer, dessen Nase von einem Hund abgebissen wurde, erhielt von seiner Versicherung folgendes Schreiben:

Als Haftpflichtversicherer wurden wir davon unterrichtet, dass Sie Schadensersatzansprüche erheben. Bitte schildern Sie den Vorfall ausführlich. Worin erblicken Sie ein Verschulden unseres Versicherungsnehmers. Zur Beurteilung des Schadensfalles benötigen wir noch folgende Angaben: Bitte senden Sie uns die beschädigte Sache auf unsere Kosten zu. Geben Sie dabei die Schadennummer auf dem Paket an.
Mit freundlichen Grüßen

Die Bisswunde hat eine Narbe hinterlassen, die schmerzt und beim Lachen eine hässliche Falte bildet.

Herr B. ging am 15. 1. so für sich hin mit seinem Hund (bayerischer Abstammung) spazieren. Da kam ein fremder Hund daher (vermutlich preußischer Provenienz). Dieser griff den Hund des Herrn B. grundlos an (man kennt das ja!). Herr B. wollte die beiden auseinanderbringen und rief: »A Ruah is, sog' i!« Aber der Preiß' gab keine Ruhe und biss Herrn B. hinterfotzig in die rechte Hand.

Beide Hunde liefen frei,
da kam es zur Beißerei.
Unser Boxer, der gewann
– und Sie sind dran!

Goethe lässt grüßen!

Hund beißt Auto!

Der sonst so wohlerzogene und folgsame Hund eines Kaufmanns aus Hösterköp/Dänemark war plötzlich über einen Volkswagen hergefallen. Die Versicherungsgesellschaft sollte den angerichteten Schaden bezahlen. Für diese klang der Fall nach einem Witz. Aber als man dem Fall nachging, stellte man tatsächlich fest, dass die Tür des Wagens angebissen war. Der Hund hatte sein Gebiss so deutlich in das Blech gehauen, dass die Versicherung den Schaden übernehmen musste.

✎ *Hier hat sich mal einer revanchiert:*

Ich war in meiner Kneipe. Karl hatte seinen Köter Treff dabei. Das ist ein verflixt großer Hund. Wir hatten eine Menge Alkohol getrunken. Der Hund guckte mich ganz blöd an, und ich dachte bei mir, der will mich beißen. Das wollte ich aber nicht. Da habe ich ihn ins Ohr gebissen.

Mein Hund hat die ganze Zeit, die ich ihn habe, niemanden gebissen, obwohl ich ihn versichert habe.

✎ *Na bitte, geht doch!*

Unser Hund hat den Herd eingeschaltet, und dann hat alles gebrannt.

Hunde beißen nicht nur, sondern verhalten sich manchmal beinahe menschlich. Beispiele gefällig?

Sie haben leider Pech, unser Pudel ist nicht bereit, vor der Polizei auszusagen.

Eine Befragung des Hundes, warum er ausgerechnet auf der Bettcouch von Frl. B. sein Urin lassen musste, erbrachte keine klärende Auskunft. Selbstverständlich steht Ihnen aber unser Hund zur weiteren Befragung zur Verfügung.

... an dem Unfall bin ich völlig schuldlos. Der Hund meines Nachbarn ist Zeuge!

Unser Sohn bekam an diesem Tag Besuch von seiner Freundin Susanne. Fräulein Susanne legte ihren Bikini auf dem Bett unseres Sohnes ab. In einem unbeobachteten Moment hat sich unser Dackel an den Bikini herangemacht und ihn zerbissen.

So sind sie, die Dackel!

Falls die Hundekratzwunden nicht von der Kasse übernommen werden, komme ich selbst dafür auf, da der Hund auf Unfall nicht versichert ist.

Unser Schäferhund hat sich Zutritt zum Nachbarsgrundstück verschafft und sich tierisch an zwei Hündinnen vergangen.

Es handelt sich um einen ungewollten Deckaktschaden. Wenn eine heiße Hündin und ein Rüde sich paaren, so ist es biologisch möglich, Nachwuchs zu erzeugen. Man kann doch wohl schlecht von mir erwarten, dass ich meinem Hund den ganzen Tag hinterherlaufe ...

Die Hündin der Familie H. war läufig. Vermutlich aus diesem Grunde wollte sie unseren Hund Felix (Rüde) besuchen. Sie war jedoch nicht da, da Frau H. mit ihr ausgegangen war. Als Ersatz bestieg unser Hund den vor dem Hause abgestellten PKW/Sportwagen Triumph Typ Spitfire des Herrn H.

Mein Mandant ist Vater mehrerer Kleinkinder und eines Hundes.

Den Schäferhund habe ich vor 6 Jahren von einem Bauern gekauft, derselbe war zwei Jahre alt und hat noch keine Hühner gefressen.

Am 6. Juli war ich bei meinen Eltern zu Besuch. Mein Hund freute sich so sehr über das Wiedersehen, dass er schwanzwedelnd eine Schlampe vom Couchtisch fegte.

Ferner bitte ich Sie, ab sofort die Haftpflicht für meinen Hund (Irischer Terrier), welcher auf den Namen Strick getauft ist, ohne immer auf diesen zu hören, einzuschließen.

Der Hund hatte so ein Tempo drauf, das er in die Scheibe sprang und dabei zu Bruch ging.

✎ *Ob es sich in den beiden folgenden Fällen um dasselbe Tier handelt, konnte leider nicht ermittelt werden.*

Leider muss ich Ihnen mitteilen, dass unser Hund überfahren wurde. Da es sich hier um einen Bekannten handelt, hat meine Frau diese Angelegenheit geregelt.

Bitte heben Sie den Haftpflicht-Vertrag unseres Hundes auf, indem dieser verstorben ist. Die Trauerfeier für die Einäscherung hat in aller Stille stattgefunden. Von Beileidsbesuchen bitten wir abzusehen.

Da unser Hund plötzlich überfahren wurde, sind wir jetzt vorsichtig und lassen ihn nur noch mit uns an der Leine raus.

✎ *Kommen wir nun zum zweitbeliebtesten Haustier, der Katze. Sie scheint ein relativ friedlicher Zeitgenosse zu sein, denn allzu viele Versicherungsfälle haben wir hier nicht gefunden.*

Unser Kater Charly biss dem Nachbarskater das rechte Ohr ab. Jetzt will der Nachbar Schadenersatz. Ich frage Sie: Was kostet ein Katzenohr, und bin ich haftpflichtversichert?

Es ist ein Unsinn, wenn Frau S. behauptet, meine Katze hätte ihren Wellensittich gefressen, denn die frisst nur Trockenfutter!

Unsere Katze pinkelte auf die Stereo-Anlage, wodurch im Netzteil eine Überspannung entstand.

Bitte entschuldigen Sie, wie die Versicherungsscheine aussehen, aber unsere junge Katze fand sie sehr schmackhaft ...

Tragisch getrocknet

Legendär ist der Fall einer Hausfrau aus Arkansas/USA. Sie verklagte den Hersteller ihres Mikrowellenherdes, weil ihre frisch gebadete Katze das Trocknen im Herd beklagenswerterweise nicht überlebt hatte. Die Versicherung des Herstellers musste zahlen, da das »Trocknen von lebenden Katzen im Mikrowellenherd« in der Bedienungsanleitung nicht ausdrücklich verboten worden war.

Die Waldarbeiter wurden von Wildschweinen angefallen, die gerade mit Forstarbeiten beschäftigt waren.

Im Folgenden wollen wir einen kleinen Rundgang durch Hof, Wald und Flur machen. Beginnen wir im Hühnerstall!

Der von Frau Sch. in ihrem Hühnerstall gefundene Hühnerkopf passte genau mit der fraglichen Henne überein.

Als Hobby halte ich fünf Hühner und einen Hahn. Beim Hühnerfüttern am 24. Februar in den Morgenstunden stürzte sich der Hahn plötzlich und unerwartet auf mich und biss mir in den rechten Fuß. Er landete sofort im Kochtopf.

In der Nacht vom 3. auf den 4. entwendete ein unbekannter Täter von meinem Hof zwei Hühner, von denen eins ein Hahn war.

In unserem Hof produzieren sieben Hühner unseren Eigenbedarf an Cholesterin.

Wenden wir uns nun ein paar größeren Exemplaren zu:

Beim Führen einer Kuh, welche ich zum Stier geführt habe, bin ich von derselben umgebracht worden und habe mir deshalb in der Rippengegend und im Rücken Quetschungen zugezogen.

Anbei sende ich Ihnen eine Zahnrechnung. Die Zähne wurden eingeschlagen durch eine Kuh. Ich bitte um Begleichung derselben.

Möchte Ihnen mitteilen, dass die Kuh am 11. 3. geschlachtet worden ist. Ich bitte, sie aus der Versicherung zu streichen.

Eine zündende Idee

Auf einem holländischen Bauernhof konnte eine Kuh die Magensäure nicht mehr auf natürlichem Wege loswerden und blähte auf. Der herbeigerufene Tierarzt wollte ihr mit einer Sonde helfen. Um sich vom Erfolg seiner Handlung zu überzeugen, hielt er ein brennendes Feuerzeug ans Maul der Kuh, wobei sich das Methan enthaltende Magengas entzündete. Die erschreckte Kuh raste feuerspeiend durch den Stall und steckte Heu und Stroh in Brand, was schließlich den ganzen Bauernhof in Schutt und Asche legte. Die Versicherung zahlte, doch die Kuh gab fortan keine Milch mehr.

✎ *Eine eher etwas aggressive Spezies scheint das Wildschwein zu sein:*

Beim Belegen einer Jungsau musste ich dem Eber Hilfestellung leisten. Dabei trat mich der Eber auf den linken Fuß.

… ob der Eber durch Verlesen oder Füttern des von Ihnen angeführten § 833 BGB in Zukunft zu größeren Zärtlichkeiten zu veranlassen ist, wäre einen Versuch wert.

Der ausgebrochene Bulle ist ein Weidemastbulle und wurde vom Rind des Landwirtes Baumann zum Deckakt aufgefordert.

Ihre Einwendung, ich wäre mit dem Deckakt einverstanden gewesen, ist geradezu kindisch. Glauben Sie denn wirklich, wenn ich nicht einverstanden gewesen wäre und hätte dies dem Bullen gesagt, dass dieser von der Sache abgelassen hätte?

Leider ist mein Vater der Jagdleidenschaft Dritter zum Opfer gefallen. Man hielt ihn für eine Wildsau und schoss ihn an …

Tiefflug mit Folgen

In Friesland flog ein Heißluftballon über einen Bauernhof. Dabei geriet eine Sau derartig in Panik, dass sie einen Herzinfarkt erlitt und vom Bauern notgeschlachtet werden musste. Die Haftpflichtversicherung des Ballonfahrers ersetzte den Schaden.

Die Schafböcke von Frau R. rannten, als sie ihr Ebenbild im Spiegel sahen, dagegen. Dabei gingen die Scheiben ebenerdig zu Bruch.

Ich ging in den oberen Obsthof, um dort einige Äpfel aufzulesen. Dort befanden sich einige Schafe. Als ich in den Obsthof hineinging, kamen die Schafe im Laufschritt auf mich zu und wollten an meine Tasche. Ich hab mich gewehrt und wollte sie vertreiben. Doch sie fingen an zu stoßen und wurden aggressiv. Von den vielen Stößen bin ich umgefallen und habe die Tasche weggeworfen.
Ich habe mich wieder aufgerichtet und wollte aus dem Kamp hinaus, aber die Schafe kamen zurück und stießen erneut und mit voller Wucht zu. Dabei bin ich dann so unglücklich gestürzt, dass ich nicht wieder aufstehen konnte. Ich habe um Hilfe gerufen. Zum

Glück konnte mir meine Cousine, die zufällig in ihrem Garten war, helfen. Sie hat die Schafe zuerst abgewehrt und mich dann gestützt, so dass ich aufstehen und in den nahe gelegenen Hühnerstall gehen konnte. Von dort wurde ich gleich mit dem Krankenwagen in das Detmolder Krankenhaus eingeliefert.

Auch mit Pferden gibt es hin und wieder Verdruss:

... der Schaden entstand, als Herr B. im Gestüt seiner Frau von den Pferden bedrängt wurde und sich nur durch einen Schlenker in den Wald »retten« konnte. Hierbei biss der mit im Wagen sitzende Hund vor Aufregung in die Polster ...

Meine beiden Pferde haben chronische Bronchitis und auch unser Schäferhund hat dauernd was anderes. Deshalb will ich bei Ihnen eine Tierkrankenversicherung machen, wenn sie so was machen ...

✎ *Zugegeben: Diese beiden Fälle hätte man auch in die Rubrik »Hunde« einreihen können.*

Das Landgestüt gibt alljährlich an geeignete Privatpersonen Hengste während der Deckzeit ab, die dann dieselben Aufgaben erledigen, wie ein beim Landgestüt hierzu eingestellter Gestütwärter.

Augenblicklich ist das Pferd mit untergebracht im Kuhstall. Dieses ist ein Notbehelf und führt zur Verweichlichung des Tieres!

Plötzlich kam ein Ziegenbock auf uns zu und suchte Streit mit meinem Pferd. Dieses drehte sich blitzschnell und feuerte mit dem Hinterhuf aus. Dabei traf es die Autotür.

Werte Direktion! Wollen sie mir bitte auf der Hinterseite meines Briefes mitteilen, was Sie für besser halten, ob ich mein Ross in Tünshausen decken lassen soll oder bei Ihnen durch eine Versicherung?

✎ *Höchst dramatisch endete in Niedersachsen die Kastration eines wertvollen Hengstes. Nachdem die Operation zunächst einen scheinbar normalen Verlauf genommen hatte, gönnte sich der Besitzer eine kleine Verschnaufpause. Was danach passierte, ist nur etwas für Leser mit starken Nerven:*

Hastig trank ich eine Tasse Tee, und von innerer Unruhe getrieben ging ich wieder in den Stall. Schon

auf der Stallgasse hörte ich aus der Box einen Mordskrach. Als ich die Tür öffnete, sah ich die Bescherung. Das Pferd saß angebunden, buchstäblich auf dem Hinterteil, und zerrte wie irre am Strick, um davon loszukommen. Halfter und Strick, welche sonst reißen, hielten dieser Anstrengung aber stand, und was nun unausweichlich passieren musste, ist auch passiert.
Die Bauchdecke im Bereich des Hodensacks ist durch die Pressung aufgerissen, und die Gedärme lagen zwischen seinen Hinterbeinen im Stroh.
Ich machte das Pferd los und rannte zum Telefon; denn mehr konnte ich in dieser Situation selbst nicht machen. Der Tierarzt kam sofort und besah sich die schlimme Sache. Für mich war klar, dass das Pferd nicht mehr zu retten war. Ich sagte das auch dem Tierarzt und bat ihn, den Qualen ein Ende zu setzen. Antwort: »Ach Quatsch, der bekommt jetzt eine Spritze, wird verladen und dann ab nach Hannover in die Pferdeklinik.« Das Pferd ließ ihn aber nicht mehr an sich ran, und so musste das tobende Pferd ohne Beruhigungsspritze verladen werden. Der Arzt sagte noch: »Sollte es schiefgehen, ich bin gut versichert!« Und es ging schief …

✎ *Wer glaubt, ein Besuch im Zoo sei in jedem Fall ein reines Vergnügen, wird hier eines Besseren belehrt:*

Ich bin Tierpfleger und musste schnellstmöglich meinen Zoo

erreichen, weil eine brünstige Schimpansin ausgebrochen war. Nur ich war in der Lage, das gefährliche Tier einzufangen.

Am Sonntag, kurz vor 12 Uhr, bin ich außerhalb des Zoos von einem der Kamele verfolgt worden und dadurch so heftig gestürzt, dass ich ärztliche Behandlung in Anspruch nehmen musste.

Aus die Maus

Ein bankrotter Geschäftsmann versandte ein hoch versichertes Paket, in dem sich angeblich eine wertvolle Perlenkette befand. Statt dessen aber hatte der Betrüger eine lebende Maus eingepackt, die, so sein Plan, während des Transportes das Paket durchknabbern und fliehen sollte. Durch das Loch – so wollte er später gegenüber der Versicherung argumentieren – wäre die Kette herausgerutscht. Doch sein Plan ging schief, da die Maus den Transport im Paket nicht überlebte.

Als ich eine Fliege erschlagen wollte, erwischte ich den Telefonmast.

Hier ein paar weitere Beispiele von unliebsamen Begegnungen zwischen Mensch und Tier, die sich hauptsächlich im Straßenverkehr zugetragen haben:

Da das in der beigefügten Fahrzeugschadenanzeige angeführte schuldhaft handelnde Reh keine Haftpflichtversicherung besitzt und zudem Unfallflucht beging, wende ich mich vertrauensvoll an Sie.

Der Hirsch nahm seine Beine unter die Arme und verschwand im Unterholz, ohne sich um den Schaden zu kümmern.

Unter genauester Beachtung der Höchstgeschwindigkeit kollidierte ich mit einer Taube, die unvorschriftsmäßig in der Gegenrichtung unterwegs war und meinem PKW nicht auswich.

Ich musste schneller fahren, um durch den Luftzug die Biene aus dem Auto zu kriegen!

In gesetzlich zulässigem Höchsttempo kollidierte ich mit einer unvorschriftsmäßigen Biene in der entgegengesetzten Richtung.

Schuld war ein Insektenflug in mein Auge, ein Bruchteil von einer Sekunde und es war passiert. Menschenschaden ist nicht entstanden, da ich bestenfalls Radfahrertempo hatte.

Das Motorrad raste in eine Kuhherde. Der bei Ihnen versicherte Fahrer kam ins Krankenhaus – ebenfalls eine notgeschlachtete Kuh.

Die Kuh, die mir in den Wagen gelaufen ist, war nicht im Vollbesitz ihrer geistigen Kräfte.

Der Unfall geschah, weil ich meinen im Koma liegenden Wellensittich so schnell wie möglich zum Tierarzt bringen wollte!

Ich gebe zu, den Autounfall verursacht zu haben. Nur weil unser Wellensittich sehr krank ist, bin ich schneller als sonst gefahren. Es ging um Leben oder Tod!

Das Pferd lief in die Fahrbahn, ohne sich vorschriftsmäßig zu vergewissern, ob die Straße frei ist.

Nach dem Zusammenstoß entfernte sich der schuldhafte Hund unerlaubt von der Unfallstelle.

Auf halber Strecke rannte ein ortsunkundiger Hase in selbstmörderischer Absicht auf die Fahrbahn. Es gelang ihm, sich das Leben am Abschlussblech meines Fahrzeuges zu nehmen.

Ich befuhr die Landstraße in nördlicher Richtung, als plötzlich ein Hase von links meinen Weg kreuzte. Es handelte sich offenbar um einen geplanten Selbstmord des Feldbewohners.

Das Duell Hase gegen Audi ging für den offensichtlich lebensmüden Osterhasen verloren. Ich erblickte das fliegende Tier im Rückspiegel, als es unter dem Wagen hervorgeschleudert wurde und auf dem Feld seine letzte Ruhestätte fand.

Beim Ostereiersuchen ausgerutscht. Fiel auf rechtes Sprunggelenk. Zeuge: der Osterhase.

✎ *Kann es einen schöneren Schluss geben?*

Wir danken dem Verlag Versicherungsgesellschaft, Karlsruhe, für die Abdruckgenehmigungen aus folgenden Büchern: *Ich habe Schmerzen bei jedem Fehltritt, Ich brauche eine Kurschattenversicherung* und *Der Hund begab sich in ärztliche Behandlung.*

Ein Dank geht an Konstantin Niehaus für die Mitarbeit am Manuskript.